JEAN D'HERBENOIRE

L'Art de se faire Aimer

1,000 Conseils d'Amour

A l'Usage des Amants, des Fiancés et des Époux

**La Conquête de l'Amour et de la Fidélité par la Séduction naturelle et magique.
Recettes, Philtres, Incantations et Prières.
Trésors des Magies blanche et noire.
Moyen pour conserver la toute puissance amoureuse, ou pour la reconquérir lorsqu'on l'a perdue, cela dans l'âge le plus avancé.
Herbes, Fleurs, Parfums et Pierres magiques.
Indications et Conseils recueillis par un sorcier-philosophe des temps modernes.**

H. DARAGON, ÉDITEUR
96-98, RUE BLANCHE, 96-98
PARIS (IXe)

1913

En Vente à la même Librairie

✖ ✖ ✖

Encyclopédie de l'Amour. — Turquie. — 1 vol. 6 fr.

Encyclopédie de l'Amour. — Espagne. — 1 vol. 6 »

Encyclopédie de l'Amour. — Egypte. — 1 vol. 6 »

Encyclopédie de l'Amour. — Maroc. — 1 vol. 6 »

Anthologie universelle des Baisers, 5 beaux vol.. 50 »

La Mandragore magique, 1 vol.................. 5 »

COMTESSE DE TRAMAR. — *L'Evangile profane*, 1 vol. 3.50

COMTESSE DE TRAMAR. — *Que veut la Femme?* 1 vol. 3.50

R. SCHWOEBLÉ. — *Le problème du Mal*, 1 vol..... 3.50

R. SCHWOEBLÉ. — *Le Livre de la Veine*, 1 vol.... 2.50

J.-B. PORTA. — *La Magie naturelle*, 1 vol......... 15 »

M. BOISSON. — *L'Ame sceptique*, 1 vol.......... 5 »

Petit et Grand Albert, 1 vol..................... 3.50

Le Livre Rouge d'H. FLAMEL, 1 vol.............. 5 »

A. GALLAIS. — *Véritable trésor des Sciences magiques*, 1 vol. .... 5 »

S. DE MASSILIE. — *La Sexologie ou oracle des sexes*, 1 vol. 2.50

M. BOISSON. — *La Flagellomanie*, 1 vol. .... 8 »

D'ORBEC. — *La Froideur chez la Femme*, 1 vol... 3.50

Enchiridion du Pape Léon, 1 vol. rare.......... 30 »

La Flagellation chez les Jésuites, 1 vol.......... 5 »

Les Grimoires de Paracelse, 1 vol............... 5 »

Conseils infaillibles pour semer l'Amour, 1 vol... 0.15

✖ ✖ ✖

L'ART DE SE FAIRE AIMER

JEAN D'HERBENOIRE

L'Art de se faire Aimer

1.000 Conseils d'Amour

A l'Usage des Amants, des Fiancés et des Époux

La Conquête de l'Amour et de la Fidélité par la Séduction naturelle et magique.
Recettes, Philtres, Incantations et Prières.
Trésors des Magies blanche et noire.
Moyen pour conserver la toute puissance amoureuse, ou pour la reconquérir lorsqu'on l'a perdue, cela dans l'âge le plus avancé.
Herbes, Fleurs, Parfums et Pierres magiques.
Indications et Conseils recueillis par un sorcier-philosophe des temps modernes.

H. DARAGON, Éditeur
96-98, rue Blanche, 96-98
PARIS (IXe)

1913

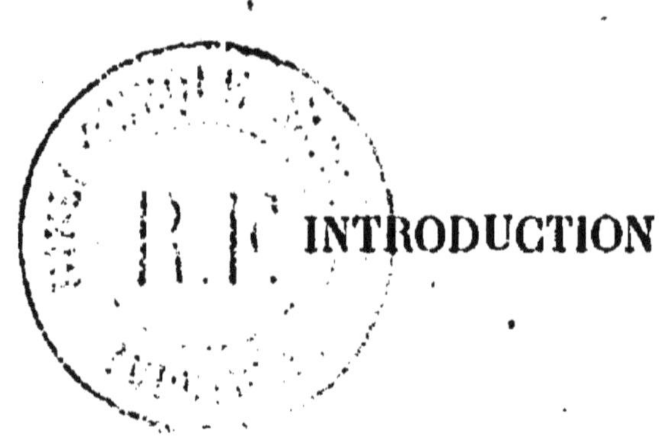

INTRODUCTION

L'œuvre que nous présentons aujourd'hui au public ne prétend à aucun succès philosophique ou littéraire. Au sein de sa chère solitude, l'auteur (sorte de sorcier des temps anciens égaré dans les temps modernes), a recueilli et annoté d'abondantes lectures. Ce que contient notre Art de se faire aimer *est répandu dans nombre d'ouvrages plus ou moins faciles à trouver chez les libraires, et qui contiennent, en même temps que quelques préceptes importants et très réalisables, nombre de pages digressives, où l'extra-surnaturel, c'est-à-dire l'impossible, l'emporte sur la plus mystérieuse incohérence. Choisir les pages les plus claires des chapitres les plus voilés, recueillir les recettes dont la réussite a été éprouvée, pour rejeter celles qui sont impossibles au* commun *des mortels, en peu de mots, former un bouquet anthologique propre à la vue et à l'odorat de tous, telle aura été notre tâche. Ajoutons que nous avons emprunté à quelques auteurs modernes certaines pages fort suggestives. Quant aux anciens, nous les avons republiés tels quels, — laissant par exemple à Porta son français si curieux en même temps que si accessible.*

Pour une somme modique, le lecteur aura les extraits principaux de tant et tant d'ouvrages ; nous avons donc fait œuvre de vulgarisation, — le grand mot est lâché... Cette œuvre eût pu être dangereuse : la science industrialisée, la science, considérée comme bienfaisante, ne produit-elle pas souvent les pires désordres ! Qu'eût-ce été, dans un domaine aussi important que celui de l'amour, si nous n'avions scrupuleusement surveillé notre plume ? Ouvrage foncièrement utile, sous l'apparence, nécessaire, hélas ! de la frivolité, tel est notre ouvrage. Puisse-t-il être compris, et n'être point méchamment attaqué !

D'HERBENOIRE.

L'ART DE SE FAIRE AIMER

CHAPITRE PREMIER

PEUT-ON ÊTRE MAITRE DE L'AMOUR ?

De toutes les choses de la terre, l'amour est la seule dont l'homme non initié ne puisse devenir le maître ; parce qu'elle est hors de la volonté humaine.

La santé, on peut la conserver en suivant le régime du rationalisme ; la maladie, on peut souvent la vaincre par la volonté ; l'argent, on le gagne par le travail forcé ; les brillantes situations, on les acquiert par l'ordre, la persévérance, la patience. Un homme vertueux peut parvenir à dominer les plus funestes habitudes, à brider les vices les plus invétérés. Mais l'amour échappe à tous.

Voici un homme jeune, beau, glorieux, riche, renommé ; il s'éprend d'une femme qui le rebute. Ni sa renommée ni sa gloire, ni sa beauté, ni sa jeunesse, ni sa richesse, ne peuvent amener cette femme à lui rendre l'amour. Pourquoi ?

Elle en aime un autre, peut-être ? Non pas... *Elle ne l'aime point.*

Voici une femme jeune, belle, riche, parée de toutes les vertus, courtisée par les plus brillants cavaliers ; elle s'éprend d'un homme moins jeune, moins beau, moins riche qu'elle, moins séduisant que ses autres galants. Et cet homme la repousse ! Pourquoi ? Il ne l'aime donc point ? Non, *il en aime une autre*, et une autre très inférieure à la première.

A cela il n'y a rien à faire.

Pardon, il y a à faire quelque chose : séduire, séduire malgré tout, — c'est le droit de tout être qui aime. Lorsqu'un être épris veut conquérir l'être dont il est épris, à la condition toutefois que ses intentions soient pures, c'est-à-dire hors de la séduction, l'adultère ou la tromperie, il peut voir ses efforts couronnés de succès. Deux *créatures* du monde invisible le mèneront à ses fins : son ange gardien, si les intentions sont pures, le diable qui veille, si ses intentions sont impures, bien que sincères. La magie blanche et la magie noire sont là. La magie blanche se limite à la prière, au dévouement, aux intentions. La magie noire, au contraire, fourmille de ressources généralement efficaces ; mais celui qui les emploie ne le fait qu'aux dépens de la tranquillité de son âme, de sa conscience et de son cœur.

La magie noire, — c'est-à-dire plus ou moins noire, n'anticipons pas, car toute magie, sans être exactement blanche, n'est pas forcément noire, — offre à l'amoureux la nature entière et ses secrets : les herbes, les fleurs, les parfums, les pierres précieuses et *tant d'autres* produits encore, appartenant aux règnes animal, végétal et minéral ; ajoutons que l'emploi de ces produits doit être fait à telle époque et avec l'usage de telles paroles, — là est la condition toute magique sans laquelle l'émeraude reste l'émeraude et le plantain le plantain.

Avant de passer en revue les moyens, d'ailleurs très limités, de la magie blanche en matière naturelle, les moyens très limités aussi de la médecine naturelle, acquis à l'art de plaire, d'obtenir l'amour, et de conserver la puissance amoureuse, nous allons ouvrir la drageoire mystérieuse, l'herbier secret et l'écrin magique que trois fées noires, dépêchées vers nous par Satan, tendent, en leurs mains vaporeuses, à la faim et à la soif curieuses de nos désirs coupables.

CHAPITRE II

SORCIERS ET SORCIÈRES

Quand nous disons trois fées, c'est par une manière toute poétique, — et du reste exceptionnelle à nous, — de parler à notre lecteur. Ces trois fées sont trois démons qui viennent vers vous, amants, sous les espèces de la sorcière, du sorcier et du conseiller.

La sorcière pourra être tireuse de cartes ou vaguement proxénète, le sorcier rebouteur et accoucheur au besoin, — l'un n'empêche pas l'autre, au contraire. Quant au conseiller, il pourra être votre meilleure amie, votre ami le meilleur... N'est-il pas en ce moment l'auteur même du présent livre ?... Oui, mais un conseiller des mieux intentionnés, et il y a nuance... Les méchants, il est vrai, ne manqueront point à cela de nous rappeler le pavé de l'enfer. Ne les écoutons pas et présentons ici une sorcière magistralement silhouettée. Voici, jeunes filles, mes chères enfants, à quelle femme vous aurez à faire si l'envie de vous faire aimer par force trouble votre sommeil et vos fonctions. Nous vous présentons Célestine.

« Elle avait, cette bonne vieille, à l'extrémité de la ville, tout près des tanneries, au bord de la rivière, une maison isolée, à demi ruinée et presque vide. Elle exerçait des professions qui valent la peine d'être dites : elle était lavandière, parfumeuse, maîtresse en l'art de fabriquer le fard et de refaire des vierges, entremetteuse et un peu sorcière. Le premier métier servait de couverture aux autres, et sous ce prétexte que de jeunes servantes entraient dans sa maison pour travailler, faire des chemises, des gorgerettes et bien d'autres choses. Aucune ne venait sans apporter qui du lard, qui du blé, de la farine ou une jarre de vin, et tant d'autres provisions qu'elles pouvaient dérober à leur maîtresse, quand ce n'étaient pas des vols plus importants qu'elles venaient cacher là. Elle était l'amie des étudiants, des économes et des jeunes novices des couvents à qui elle vendait le sang innocent de ces filles, qui l'aventuraient légèrement en échange de la restitution qu'elle leur promettait. Elle fit mieux. A l'aide des servantes, elle communiquait avec les jeunes filles les mieux enfermées pour mener à bien ses projets. Et celles-ci, en temps de prières, à la faveur des processions de nuit et des messes de l'aube ou de la messe de Noël, venaient nombreuses, couvertes d'un voile. Derrière elles, entraient des hommes déchaussés, contrits et pénitents, qui venaient là pleurer sur leurs péchés. Songez au métier qui se faisait là. Elle soignait les petits enfants, elle prenait de la laine dans une maison, la donnant à filer dans l'autre, afin de pouvoir entrer dans toutes. Les uns l'appelaient mère par ici, les autres mère par là ; voilà la vieille, la matrone arrive, tout le monde la connaissait ! Avec tous ces soucis elle ne manquait jamais ni messe ni vêpres ; elle ne négligeait aucun couvent de moines ou de sœurs, car elle se confessait là, mais elle y tramait aussi ses complots. Dans sa maison, elle fabriquait des parfums, falsifiait des essences, benjoin, ambre, musc. Elle avait une chambre toute emplie d'alambics, de bouteilles, de vases de terre, de verre, de cuivre ou d'étain de toutes formes. Elle fabriquait du sublimé, du fard, des broderies fausses, des eaux pour le teint, du blanc et mille autres drogues pour le visage, avec de la lie de vin, de l'asphodèle, de l'encre de baguenaudier, de la serpentaire, du fiel, du verjus. Elle fabriquait des parfums de roses, de fleurs d'oranger, de jasmin, de chèvrefeuille, de petits œillets musqués pulvérisés dans du vin. Elle faisait une teinture pour blondir les cheveux, avec des sarments, du chêne, du seigle, des marruches, du salpêtre, de l'alun et toutes espèces d'autres choses. Et ce serait trop de dire les graisses et les beurres qu'elle possédait. Elle en avait de vache, d'ours, de jument, de chamelle, de couleuvre, de lapin, de baleine, de héron, de butor, de daim, de chat sauvage, de blaireau, de hérisson, de loutre ; c'était une merveille, que les herbes et les racines qui pendaient au toit de sa maison : camomille romaine, guimauve, capillaire, mélilot, fleur de sureau et de moutarde, nard, laurier blanc, figuier, bec d'or et feuille noire. La quantité d'huiles qu'elle extrayait pour le visage est incroyable :

huiles de styrax, de jasmin, de linon, de pépins, de violettes, de benjoin, de pistachier, de lupin, de pois chiches...

« Quant aux virginités, elle refaisait les unes avec de petites vessies et elle cousait un peu pour réparer les autres. Elle avait sur une étagère, dans une cassette de couleur, des aiguilles ténues de pelletiers, des fils de soie passés à la cire, des racines de fustet, de ciboule sauvage et de poireau. Elle faisait des merveilles avec tout cela, et lorsque l'ambassadeur de France vint ici, elle lui vendit trois fois comme vierge une servante qu'elle avait.

« Dieu puissant ! Elle réparait par charité beaucoup d'orphelines et d'égarées qui se recommandaient à elle. Dans un autre coin, elle avait de quoi guérir les amours et de quoi faire aimer passionnément. Elle avait des morceaux de cœur de cerf, des langues de vipère, des têtes de caille, de cervelle d'âne, de crottin de cheval et d'excrément de petit enfant ; des aiguilles aimantées, des cordes de pendu, de la fleur de lierre, des piquants de hérisson, des pieds de blaireau, de la graine de fougère, une pierre d'un nid d'aigle, et mille autres choses. Beaucoup d'hommes et de femmes venaient à elle. Aux uns elle demandait le pain qu'ils mangeaient, aux autres un morceau de leur robe ou une mèche de leurs cheveux. A d'autres elle peignait dans la paume des lettres jaunes et des disques rouges. Elle donnait aux uns des cœurs de cire pleins d'aiguilles brisées, et aux autres des figures de terre ou de plomb épouvantables à voir. Elle peignait des figures, disait des paroles dans la terre. Qui pourrait dire tout ce que faisait cette vieille ?

(*Comedia de Calisto et Melibea*, acte Ier.)

Telle est Célestine. C'est un des personnages de *Calisto et Melibea*, acte Ier, comédie espagnole (1). Quant au sorcier, nous allons le présenter aussi dans un portrait pris sur le vif ; nous allons le voir, dès à présent, déployer ses fonctions plus ou moins bénéfiques, plus sûrement maléfiques, auprès des naïfs et des naïves.

Le Sorcier

Le sorcier qui florit au moyen âge n'a point disparu de nos jours, c'est à peine s'il s'est modifié.

On rencontre encore fréquemment dans nos campagnes un homme au regard fuyant, à la mine sournoise et inquiète. Il parle peu, ne fréquente personne du village qu'il habite. Sa demeure délabrée est à l'écart des autres habitations et la cour qui la précède est toujours encombrée de monceaux de fumier qui l'entourent d'une malsaine atmosphère.

Le sorcier vit toujours de quelque profession en dehors des occupations ordinaires, il est bra-

(1) Voir l'*Encyclopédie de l'Amour*, publiée sous la direction de Marius Boisson ; deuxième volume, *Espagne*, par F.-G. Perez ; p. 139 et suiv. (1 vol. du prix de 6 fr.), H. Daragon, éditeur, Paris.

connier, pêcheur, taupetier; nous en avons connu un qui était marchand de crapauds, de lézards et d'insectes à l'usage des laboratoires d'histoire naturelle; d'autres encore sont équarrisseurs, et les abords de leur tanière, isolée au flanc d'une colline stérile, se décorent de quelque squelette de cheval que la pluie et les vents ont rendu poli et brillant comme l'ivoire.

Quel que soit le métier qu'il exerce ou qu'il feint d'exercer, le sorcier offre ceci de caractéristique qu'il a en haine tout travail suivi et régulier; c'est un fervent de la paresse, un amoureux de la vie contemplative. Il demeurera des heures, immobile et silencieux, étendu sur la bruyère qui domine l'Océan ou sur la mousse de quelque clairière perdue.

Berger de la Brie ou chevrier des Alpes, mendiant breton ou braconnier de la Sologne, il a toujours de vagues connaissances en astronomie, en météorologie et en botanique. Il connaît par tradition, et aussi par observation personnelle, la vertu des herbes; il possède, parvenu jusqu'à lui à travers les siècles, le secret de certains rites étranges, de certains rites inconnus qui produisent parfois de surprenants effets, des résultats que le savant patenté se trouve incapable d'expliquer.

Le sorcier ne fait presque jamais servir sa science — science incomplète d'ailleurs et mêlée de beaucoup de superstitions et d'erreurs — qu'à la satisfaction de ses mauvais instincts, car il a de terribles défauts, il est curieux, sournois, rancunier. Il est jaloux de tous ceux qui sont plus riches, plus heureux et plus estimés que lui. Profondément orgueilleux, il se regarde comme très supérieur à tous ceux qui l'entourent. Il est aussi très susceptible ; malheur à qui le rudoie ou même le plaisante, il proférera entre ses dents de vagues menaces qui parfois se réaliseront de tragique façon.

Aussi, malgré sa dissimulation et sa bonhomie apparente, est-il très redouté des paysans. C'est à lui qu'ils attribuent la nielle qui ravage les champs de blé, la contagion qui décime les troupeaux, parfois même les épidémies qui, brusquement, désolent un hameau. C'est encore le sorcier qui est soupçonné de nouer l'aiguillette, d'appeler la grêle sur les vignobles ou la tempête sur les barques de pêche.

Disons-le, il y a souvent beaucoup de vérité dans ces accusations. Le sorcier connaît les plantes qui font tourner le lait, celles qui jetées dans une mare en rendent l'eau vénéneuse. C'est à lui que s'adressent, en tremblant, les jeunes filles qui voudraient faire disparaître une grossesse malencontreuse, ou l'héritier avide qui trouve qu'un riche parent tarde trop à mourir.

Dans quelques provinces, certains usent encore des graines magiques qui transportent au sabbat l'âme extasiée, pendant que le corps demeure plongé dans une sorte de catalepsie (1). Beaucoup possèdent encore de vieux grimoires manus-

(1) L'âme au septième ciel ravie,
Le corps plus humble, sous les tables.

PAUL VERLAINE.

crits où l'expérience de plusieurs générations de sorciers s'est résumée en bizarres formules, parfois étonnamment suggestives d'aperçus nouveaux pour le chercheur qui les rencontre.

Le sorcier, tel que nous venons de le décrire sommairement, n'a point gardé la grande tradition mystique au sujet de la racine anthropomorphe ; mais, pourtant, surtout dans les campagnes de la Calabre et de la Pouille, il lui en est resté de vagues notions. Il respecte la mandragore et il croit fermement à tous les contes que l'on a débités autrefois sur cette plante. Ecoutons plutôt ce que raconte à ce sujet Sainte Palaye :

« Il y a longtemps, dit-il, qu'il règne une superstition presque générale au sujet des mandragores ; il en reste encore quelque chose parmi les paysans.

« Comme je demandais un jour à un jeune paysan du gui de chêne, il me conta qu'au pied des chênes qui portaient du gui, il y avait une main de gloire (c'est-à-dire en leur langage une mandragore), qu'elle était aussi avant dans la terre que le gui était élevé sur l'arbre ; que c'était une espèce de taupe ; que celui qui la trouvait était obligé de lui donner de quoi la nourrir, soit du pain, soit de la viande ou tout autre chose, et que ce qu'il lui avait donné une fois, il était obligé de le lui donner tous les jours et en même quantité, sans quoi elle faisait mourir ceux qui y manquaient.

« Deux hommes de son pays qu'il me nomma en étaient morts, disait-il ; mais en récompense, cette main de gloire rendait au double, le lendemain, ce qu'on lui avait donné la veille. Si elle avait reçu pour un écu de nourriture aujourd'hui, celui qui le lui avait donné en trouvait deux le lendemain et ainsi de toute autre chose. Tel paysan qu'il me nomma encore et qui était devenu fort riche avait trouvé à ce qu'on croyait, ajouta-t-il, une de ces mains de gloire. »

De nos jours, le sorcier ne croit peut-être plus entièrement à cette légende, mais il est, quand même, persuadé que la mandragore est un porte-bonheur, surtout si sa racine se rapproche sensiblement dans sa forme d'un torse d'homme. Il ira chercher la précieuse plante dans les ruines, dans les cavernes, et il ne sera jamais plus satisfait que s'il arrive à en déterrer une dans quelque cimetière humide.

Il la cueillera alors un vendredi, à minuit, au décours de la lune, après avoir gorgé une poule noire et tracé un cercle magique avec son doigt trempé dans le sang, cérémonie qui est encore un vague souvenir de la façon de cueillir la mandragore indiquée par Pline et par Théophraste. Pendant cette cérémonie, il récitera à rebours un des sept psaumes de la pénitence, ou quelque formule du Petit Albert, à moins que la tradition ne lui ait légué un rituel magique, à lui personnel, ce qui est assez fréquent.

Cette racine ainsi cueillie, le sorcier la cachera soit dans le grenier où il serre sa provision de blé, soit dans la bourse de cuir ou le bas de laine où il met ses économies ; il la laissera se dessécher, persuadé que son grain ou son argent, surtout si la racine est bien nettement anthropomorphe, vont se multiplier, ou du moins ne pas diminuer.

D'ailleurs, il ne se bornera pas à cette cueillette, car la mandragore n'est pas seulement un talisman, elle tient encore une grande place dans la pharmacopée magique et vénéneuse, bien que la médecine moderne n'en fasse aucun usage, ce en quoi elle a tort.

Le sorcier, lui, sait que c'est un médicament des plus actifs, un stupéfiant presque comparable à l'opium ; il fera entrer les sucs de la mandragore dans certains breuvages assoupissants, il l'emploiera contre certains ulcères, il en donnera aux femmes en gésine pour faciliter leur accouchement.

Chose au moins digne de remarque, le sorcier, surtout en Italie, a de la mandragore, envisagée comme médicament, la même opinion qu'en avaient Pline ou Galien. Les siècles ont passé sans modifier d'une façon sensible cette vénérable tradition.

Ce n'est pas seulement comme remède que notre homme emploie la magique racine ; il sait qu'elle possède une grande puissance aphrodisiaque, pourvu que l'on en fasse usage avec prudence. Il la fait entrer dans la composition des philtres.

Souvent, dans les noces villageoises, lorsque les invités sont sur le point de se séparer, ou même lorsque la jeune épousée vient de franchir le seuil de la chambre nuptiale, on lui offre une coupe ou un bol rempli d'un vin généreux qui doit lui donner le courage de supporter la bonne souffrance de l'initiation amoureuse.

En Bourgogne, cet élixir vigoratif se composera essentiellement de vieux vin, très sucré et aromatisé de cannelle, de muscade et de citron ; en Normandie, ce sera du flip ; le flip n'est autre chose que du cidre très fort auquel on ajoute, après l'avoir convenablement sucré et aromatisé, une quantité notable d'eau-de-vie — calvados ou cognac — et enfin un ou deux jaunes d'œufs très frais. Cette préparation, si simple en apparence, demande un tour de main spécial. Elle se fait dans un cône de fer battu et, grâce à la pointe effilée de l'ustensile, le mélange chauffe d'un seul coup avant d'avoir le temps de bouillir. C'est alors qu'on verse les jaunes d'œufs battus d'avance et de façon telle qu'ils fassent entièrement corps avec le liquide et ne forment aucun grumeau. Le flip n'est pas seulement usité dans les noces, c'est encore la boisson favorite des pêcheurs, elle leur permet de résister — fût-ce aux dépens de l'hygiène générale — à l'humidité glaciale des nuits en mer.

Mais revenons à notre sorcier, à celui du midi de la France, de l'Italie et d'une partie de l'Espagne. S'il s'est mêlé de la composition du vin nuptial, surtout si la jeune fille s'est mariée à contre-cœur et que le futur époux ait bien payé l'adepte, le breuvage n'aura point l'innocuité de ceux dont nous venons de parler, ce sera un véritable philtre ; quand la jeune fille en aura bu quelques gorgées, elle n'aura plus ni volonté, ni conscience, elle se soumettra non seulement sans tristesse, mais avec plaisir, avec volupté même, à toutes les exigences de l'époux.

La veille du jour où il doit livrer l'élixir qui consommera le bénéfice, le sorcier fait bouillir une douzaine d'écrevisses, modérément assaisonnées de poivre, d'anis, de cumin, de thym, de laurier et de beaucoup de céleri (deux pieds avec toutes les feuilles), beaucoup de sel et un soupçon de poivre de Cayenne, ou, à défaut, de ces piments enragés qui sont communs dans le Midi de l'Europe.

Si nous sommes au bord de la mer, les écrevisses seront remplacées par des langoustes, des calmares, des crevettes, des oursins et d'autres de ces coquillages que les Italiens appellent *frutti di mare.*

Après vingt minutes d'ébullition, tous les ingrédients sont retirés, pilés au mortier et remis dans le même court bouillon, mais cette fois sur un feu très doux. On laisse mijoter la mixture comme une sorte de consommé, le plus longtemps est le mieux.

Alors il faut la passer (il ne doit plus en rester qu'un quart de litre) et la verser dans un bol de porcelaine. Le consommé étant refroidi, mais encore tiède, on y fait macérer pendant une heure les testicules d'un coq de deux ans fraîchement tué, que l'on a hachés aussi menu que possible.

Cela fait, la liqueur est de nouveau passée au tamis et mélangée à deux litres d'un vin généreux (Marshala, Xérès, Banyuls, Porto) dans lequel infuse depuis trois jours une demi-livre de truffes fraîches, finement râpées. On laisse reposer le liquide pendant toute une nuit, dans un flacon bien bouché. On le décante, on filtre le dépôt qui s'est formé au fond du récipient, puis, pendant une heure seulement, on fait macérer dans la liqueur un bouquet de fleurs de mandragore. Dans le cas où on n'aurait à sa disposition que des mandragores sèches, on fera durer la macération deux fois plus longtemps (1).

Après s'être livré à ces manipulations minutieuses, le sorcier a en sa possession un aphrodisiaque d'une vertu extraordinairement puissante. Quand la jeune épousée — si récalcitrante soit-elle — aura absorbé la valeur d'un grand verre à bordeaux de cet élixir, elle sera complètement domptée. Sa volonté sera anéantie, pendant que ses sens seront violemment excités et elle sera à la merci de l'époux qu'elle déteste ou qui lui est imposé.

Mais ce n'est pas là le seul usage, pour le sorcier, de la vénéneuse plante. Sur les pentes désertes de l'Apennin, dans les friches de la campagne calabraise, qu'un voyageur égaré, ou surpris par l'orage, touriste insouciant, ou paysan de retour de quelque foire, vienne frapper à la porte de la cabane solitaire, le sorcier lui fera bon accueil. Un feu clair séchera les vêtements trempés, un bon souper sera servi, mais le vin surtout ne sera point épargné. Quand l'hôte sera déjà à moitié engourdi par la fatigue, la chère et la beuverie, le sorcier ira chercher dans un réduit mystérieux une outre couverte de pous-

(1) Cette recette jusqu'alors inédite a été communiquée à l'auteur par un sorcier sicilien rencontré en Tunisie.

sière : c'est, dit-il, du meilleur cru du pays, un vin royal, bien qu'il sente un peu le bouc et la résine.

Le voyageur, enchanté d'un si bon accueil, se laisse faire. Il boit, et ce vin, malgré un étrange arrière-goût, lui paraît délicieux. Mais, au bout de quelques gorgées, sa tête s'appesantit, il s'affaisse, les coudes sur la table, et s'endort. La racine de mandragore, macérée à haute dose dans le vin, a produit son effet. Pendant douze heures au moins, l'homme dormira d'un sommeil semblable à la mort.

Le sorcier sourit, jette dans les cendres du foyer le verre qu'il avait rempli pour trinquer à la santé de son hôte et dont il s'est bien gardé de boire une seule goutte. Alors, en un clin d'œil, la victime est dépouillée, le sac d'écus du fermier, les banknotes et les louis du touriste vont grossir les économies du sorcier. Il ne reste plus qu'à faire disparaître le corps, déjà presque cadavre.

Le sorcier n'aime pas à répandre le sang inutilement, l'homme assassiné sera jeté par lui dans quelque rivière au cours profond et rapide, dans quelque gouffre où les aigles et les vautours viendront le déchiqueter. Que, par aventure, le corps soit découvert avant sa complète décomposition, on ne trouvera, au premier examen, nulle marque de blessure et, si on l'autopsie, nulle trace de poison. Un médecin, versé dans la connaissance de la magie botanique, reconnaîtrait seul sur le cadavre l'odeur caractéristique de la solanée.

Médicament et poison, la mandragore est encore pour le sorcier un excitant ; comme pour ses ancêtres du moyen âge, elle remplace pour lui l'éther, le haschish, l'opium, la morphine et les autres drogues intellectuelles en faveur près des déséquilibrés contemporains.

Bien claquemuré dans sa masure, le sorcier absorbera une dose, mesurée savamment, de ce même vin qui lui a servi à faire périr son hôte. Il tombera dans un sommeil plein de rêves agréables. Il se verra dans ses songes riche, heureux, savant, aimé des belles dames qu'il a vues aux balcons de leurs palais, ou à la promenade, dans son dernier voyage à la ville. Parfois encore, fidèle aux traditions, il se frottera la nuque et les épaules et les reins avec une graisse nauséabonde, où entre aussi le suc de la mandragore, et il croira assister au sabbat pendant que son corps gît inanimé sur son grabat, avec les apparences de la mort.

En d'autres occasions, le sorcier, devenu charlatan, vendra très cher à quelque avare une racine de mandragore, en lui persuadant que la seule présence de ce talisman fera doubler, de lui-même, tout l'argent avec lequel elle se trouve enfermée.

Comme on le voit, le vulgaire sorcier ignore à peu près complètement les hautes traditions mystiques, légendaires et symboliques qui ont trait à la célèbre plante : il n'en a retenu que le côté pratique, le plus grossier.

Le mage, plus délicat, plus savant, a sur le « petit homme planté » de plus hautes et de plus nobles visées. Nous allons étudier à quel point de vue spécial il se place ; mais, auparavant, nous dirons un mot du sorcier des villes.

C'est surtout dans les faubourgs ou dans la banlieue des grandes cités qu'il se rencontre ; il y exerce de préférence des métiers qui demandent peu de scrupules, homme d'affaires véreux, prêteur à la petite semaine, proxénète même, il n'est pas difficile sur le choix des moyens de s'enrichir ; parfois aussi, c'est un raté de la médecine, du journalisme ou de la littérature. Presque toujours, il est venu du fond de sa province à la suite de quelque scandale.

Quel qu'il soit, il est aussi haineux, aussi jaloux du bonheur ou de la fortune d'autrui que le sorcier de campagne. Trop lâche pour devenir un grand criminel, pour tremper ses mains dans le sang, il commet toutes les petites canailleries qui ne tombent pas sous le coup de la loi ou qu'elle est impuissante à réprimer.

Ce sorcier-là ne fait guère usage de la mandragore ; la calomnie, les lettres anonymes et le papier timbré sont des armes qu'il emploie, de préférence au poison. Cependant, si on cherchait bien, dans un recoin secret de son coffre-fort, on trouverait souvent une racine desséchée de la plante anthropomorphe, qu'il a placée là comme porte-veine (1).

Tels sont la sorcière et le sorcier ; sorciers de France ou d'Espagne, des villes ou des campagnes, — deux bêtes nuisibles. Nous ne saurions trop recommander aux néophytes en magie, de fuir ces néfastes collaborateurs ou complices. Les

(1) Extrait de la *Mandragore magique* (Teraphim, Golem, Androïdes, Homoncules), par Gustave Le Rouge. 1 vol. orné de 5 planches ; prix : 5 fr., H. Daragon, éditeur, Paris.

moyens de se faire aimer sont à la portée de tous, plus ou moins dangereux, plus ou moins innocents, mais plutôt innocents que dangereux; plutôt innocents surtout si on les emploie seuls. Laissez donc, chers lecteurs, en leur octroyant le mépris qu'ils méritent, les liseuses de marc et les marchands de philtres. Que notre livre vous suffise !

Ceci dit, passons aux pierres et aux parfums magiques.

CHAPITRE III

PIERRES ET PARFUMS MAGIQUES

L'auteur d'une petite brochure intitulée *Conseils infaillibles pour semer l'amour* (1) s'exprime ainsi à propos des parfums magiques :

« Le temps n'est plus où la science astrologique était dédaignée et méprisée. Notre époque a vu se produire dans cette branche de la connaissance de l'occulte, comme dans toutes les autres, une *magnifique renaissance*. Personne à présent ne s'aviserait de mettre en doute l'influence des planètes sur la terre, sur ses habitants, sur tout ce qu'elle porte et sur tout ce qu'elle contient.

« Qu'il soit question de la reproduction des animaux, de la floraison des plantes ou de certaines maladies de l'homme, on est forcé de reconnaître l'influence du soleil. Qui songerait à mettre en doute le pouvoir de la lune sur les marées, sur les indispositions périodiques de la femme, sur cer-

(1) Conseils infaillibles, à la portée de tous, pour semer l'Amour et la sympathie autour de soi, pour obtenir le bonheur et le propager au moyen des parfums magiques et des pierres astrologiques. En vente au Cabinet psychique, à Paris, 98, rue Blanche. (Prix : franco, 0 fr. 15).

taines maladies mentales, et l'effet néfaste de la lune rousse sur les pousses des jeunes plantes ?

« Sachant en outre qu'ici bas tout, même les minéraux, est animé d'une vie spéciale, que tout est soumis à l'influence des astres, que le mouvement d'un atome, la vibration d'une molécule quelconque, ont leur retentissement dans l'univers entier, on comprendra de quelle importance est la *science astrologique*. Elle nous montre les correspondances qui existent entre l'homme, les plantes, les animaux et les minéraux.

« Chaque homme porte en lui, sur son visage, dans son attitude, dans sa manière de vivre, dans ses qualités et dans ses vices, la *signature de la planète* dont il dépend. Il préviendra toute maladie, tout ennui, il sera sûr de vivre heureux, s'il a soin de s'entourer des pierres, des plantes, des animaux et des parfums qui sont marqués du même sceau planétaires que lui.

« Nous entendons souvent des personnes attribuer au *hasard* leurs préférences. Elles diront par exemple : C'est singulier, mais pourquoi est-ce que je déteste la couleur bleue ? Pourquoi la fleur que je préfère est-elle la rose ? Pourquoi mon parfum de prédilection est-il la verveine ? Il n'y a là aucun hasard, c'est que ces personnes se rendent compte d'une façon obscure et instinctive de ce qui leur convient le mieux. Une voix mystérieuse les avertit de ce qui leur manque pour vivre heureuses et les pousse à s'entourer de certaines couleurs, de certaines pierres et de certains parfums. A ces personnes désireuses d'augmenter leur bien-être, nous dirons : *Portez toujours sur vous un parfum qui soit en harmonie avec la planète sous le signe de laquelle vous êtes né.* Faire usage du premier parfum venu, se parer au hasard d'une pierre précieuse quelconque est aussi *ridicule*, pour ne pas dire aussi *imprudent*, que d'absorber étant malade un médicament inconnu.

« Au contraire les parfums magiques, préparés et distillés par un initié, suivant les formules de la Kabbale, donnent à ceux et à celles qui en font usage, le *contentement*, l'*énergie* et le *courage* qui rendent capables de réaliser *les plus grandes choses.* Le parfum magique crée autour de la femme qui s'en sert une invisible atmosphère de charme et d'attirance, une *sorte d'aura* qui la fait aimer de tous, la rend sympathique, même à première vue, aux plus indifférents. *Elle sème l'amour autour d'elle.*

« Dans l'antiquité et dans les temps modernes, bien des courtisanes illustres, et même beaucoup de grandes dames et de princesses, ont suppléé à la beauté et à la jeunesse qui leur manquaient par une entente profonde de la science des parfums astrologiques.

« Catherine de Médicis, très avancée dans les hautes sciences, entretenait à grands frais des magiciens et des distillateurs de fleurs. Elle avait en même temps à sa solde l'astrologue Cosme Ruggierri et le parfumeur René le Florentin. Catherine de Médicis, comme toutes les dames de la cour des Valois, ne se servait que de *parfums magiques savamment préparés.*

« Mme de Montespan, une habituée des Messes Noires, ne se servait que de sachets *fabriqués* suivant les rigoureuses données de la science astrale.

« Louis XV distillait lui-même les essences dont il se servait dans un laboratoire construit à grands frais sur les indications du fameux comte de Saint-Germain, astrologue et occultiste.

« Nous pourrions multiplier ces exemples. Il suffit d'avoir feuilleté les historiens et les chroniqueurs pour se rendre compte de cette loi : *Jamais une femme n'a été heureuse si, consciemment ou non, elle n'a fait usage des parfums qui conviennent à sa nature planétaire*, c'est là une inéluctable vérité qu'aucun initié ne s'aviserait de mettre en doute. »

Pour mieux définir cette influence des parfums en amour, c'est-à-dire sur le bonheur intégral de l'être humain, nous ne saurions mieux faire que de citer la très-savante et très-savoureuse petite étude que fit sur ce sujet Mme de Tramar, dans son intéressant volume, l'*Evangile Profane* (1).

« Le premier parfumeur du monde, celui qui peut, sans crainte de se le voir contester, revendiquer le brevet de parfumeur, est sans contredit la Nature, dit Mme de Tramar. Le parfum naquit donc avant l'humanité, puisque, selon les Livres saints, Dieu créa le monde, ensuite l'homme et... la femme.

« La narine sensuelle d'Eve dut sans doute découvrir l'odeur divine des fleurs de l'Eden ; curieuse ! certes, elle nous l'a prouvé surabondamment avec son histoire de pomme ; pomme ou pêche, n'importe ! le résultat fut déplorable, et la

(1) L'*Evangile Profane*, par Mme la comtesse de Tramar, Victor-Havard et Cie, éditeurs, Paris, 1905.

curiosité alliée à la gourmandise fit le malheur de sa descendance. Voluptueusement elle aspira le parfum des roses ; l'Eden, d'après la tradition, était assez voisin de la Perse et les roses de la vallée de Kachemyre sont célèbres pour leurs subtils effluves.

« Après avoir découvert ces trésors qui, au cours des siècles, devaient embaumer les humains ; après avoir été chassés du Paradis Terrestre, il est tout naturel de penser qu'en se voyant forcés de coucher à la belle étoile, de se livrer à toutes sortes d'expédients pour arriver à vivre, Adam et Eve, qui eussent été dignes d'être Normands par leur amour des pommes, se dirent probablement que pour rentrer en grâce et aboutir à réintégrer le Paradis perdu, il fallait flatter Celui qui, dans sa colère, les avait mis à la porte comme de vulgaires maraudeurs. L'idée géniale leur vint sans doute de faire monter vers la Divinité la fumée odorante des résines aromatiques, pensant ainsi se faire bienvenir ou tout au moins intriguer l'Etre Suprême par cette fumée intempestive. De là à reprendre contact si on les interrogeait, il n'y avait qu'un pas. Il paraît cependant que la ruse fut éventée, car la descendance des premiers habitants du globe continua à piétiner le sol sans espoir de retour; mais le parfum était né de cette application et depuis on fit brûler sous le nez de tous les dieux connus et inconnus toutes les résines, racines, fleurs, branches, herbes odoriférantes, et c'est ainsi que les premiers parfums furent désignés : *Per fumum* (Par la fumée).

« On voit dans le livre des Védas, comme dans

les prescriptions de Zoroastre, l'encens jouer le premier rôle dans le rite religieux pour les parfums.

« Les Egyptiens, qui furent d'habiles parfumeurs, prirent certainement cette connaissance de la flore chez les peuples d'Orient, qui possédaient la plus merveilleuse collection de balsamiques et d'essences d'arbres qu'il fût au monde.

« Sous les Ptolémées, en Egypte, la parfumerie fit de réels progrès ; il y avait à Alexandrie de nombreuses fabriques qui fournissaient le monde entier. Ce fut parée, parfumée, que Cléopâtre, nonchalamment étendue sur sa galère qui voguait sur le Cydnus, alla à la rencontre de son ennemi Marc-Antoine, qui devait devenir son esclave, le plus amoureux des vaincus.

« Les prêtres se livraient à la fabrication des parfums. On compte sur la *Stèle des offrandes*, du musée de Leyde, plus de cent noms d'aromates divers.

« Les Carthaginois, les Phéniciens étaient également fort experts dans la fabrication des parfums.

« Les Hébreux, ayant été longtemps en Egypte, avaient pris également le goût des parfums. Balkis, venant visiter Salomon, en apporta à profusion et jamais dans Jérusalem on n'en vit autant.

« Judith, pour séduire Holopherne afin de pouvoir l'occire tout à son aise, prit un bain aromatisé, puis se couvrit de parfums et sa beauté troublante, malgré son âge, car on dit qu'elle avait près de cinquante printemps, était incomparable; c'est en effet un véritable miracle à cet âge, les femmes orientales étant flétries de très bonne heure.

« Joseph d'Arimathie et Nicodème ensevelirent le Christ dans un linceul qui renfermait cent livres d'aloès et de myrrhe.

« Ezéchiel et Isaïe défendirent les parfums ; cependant les filles de Sion ne laissèrent pas de se baigner dans des eaux fortement additionnées de parfums.

« Dans le *Cantique des Cantiques*, la Sulamite s'inonde de nard, de myrrhe, d'aloès. L'encens seul était rituel et ne pouvait servir aux humains.

« *Epoque grecque.* — Les Minéens (peuples d'Arabie), les premiers, ont fait le commerce de l'encens, dit Pline au livre XXX de son histoire naturelle. Ce sont les seuls Arabes qui voient l'arbre de l'encens et encore ne le voient-ils pas tous ; on dit que c'est le privilège de trois mille familles seulement qui le possèdent par droit héréditaire ; que pour cela ces individus sont sacrés ; que lorsqu'ils taillent ces arbres ou en font la récolte, ils ne se souillent ni par le commerce des femmes, ni en assistant à des funérailles, et que ces observances religieuses augmentent la qualité de la marchandise.

« Les Anciens, selon Pline, se servaient de plusieurs parfums à son époque ; c'étaient le *nard* valant cent deniers la livre, l'*encens*, le *cinnamome* mille deniers, et ensuite augmenté de moitié.

« La *casia* ou cannelle, le *myrobolam* (noix de ben), le *balamus odorant*, le *baume (balsamodendron opobalsamum)*.

« Homère donne le nom d'huiles aux parfums ; Jamblique et Porphyre disent qu'on parfumait les jeunes gens qui devaient recevoir en songe les communications des Divinités.

« La prêtresse de Didyme, oracle des Branchides, se préparait à recevoir la communication divine en respirant les émanations d'une fontaine, et la Pythie de Delphes se grisait des vapeurs de l'antre pour divaguer ensuite tout à son aise.

« Les Scythes s'enivraient des vapeurs du chanvre que l'on jetait sur une pierre rougie au feu.

« Céphisodore dit que les parfums les plus coûteux étaient réservés à la toilette des pieds.

« On chassa honteusement de Sparte les parfumeurs, parce qu'ils fraudaient la qualité des huiles.

« Solon interdit de vendre des parfums. Héraphile, auteur grec, dans son *Traité des Parfums*, cite l'origine des parfums qu'employaient les anciens.

« Les beautés grecques, les riches mécènes et même les esclaves qui vivaient de cette griserie perpétuelle des parfums, ne pouvaient être que des voluptueux, et malgré la valeur des héros de la guerre de Troie, valeur fort sujette à caution, paraît-il, car l'histoire prétend que ces foudres de guerre s'amusaient sous leurs tentes à vivre la douce vie au milieu de beautés charitables que n'effrayait point la promiscuité de la soldatesque. N'est-ce point aussi pour leur faire prendre en patience les longueurs du siège de Troie que l'on inventa le jeu de l'oie ?

« *Epoque romaine.* — Ces pratiques énervantes, — nous parlons des parfums — séduisirent les Romains et ce fut alors dans la Rome antique l'orgie païenne dans toute sa splendeur. Il flottait dans l'air des parfums énervants, dissolvant les énergies, et cependant ce peuple connut la victoire, le rayonnement de sa puissance s'étendit sur le monde, dit Sénèque.

« Ce fut Othon qui conduisit son maître, qu'il devait détrôner, à cet efféminement. Il apprit à Néron la science des parfums, et l'élève docile en usait si largement qu'il se parfumait même la plante des pieds. Peut-être ce soin était-il nécessité par une sudation affectante pour le nerf olfactif. Ses esclaves aussi se parfumaient ainsi que les cohortes, dont on parfumait encore les aigles.

« Saint Clément d'Alexandrie dit que l'on parfumait tout : murailles, lits, pieds, mains, et même jusqu'aux objets destinés à un usage intime.

« Mais où la magnificence des parfums se déployait, c'était pour les funérailles. Néron, qui, d'un coup de pied dans le ventre, tua son irascible épouse Poppée, lui fit des funérailles splendides ; il épandit une quantité considérable de parfums sur son bûcher.

« Les parfumeurs, à Rome, étaient presque tous des Grecs ; il leur était attribué un quartier où les élégants allaient flâner, emplissant les boutiques spéciales à cette industrie de leurs personnes et de leurs amis.

« Trop de volupté finit par faire effondrer une nation puissante, artiste, ayant la conception du beau, mais aveuglée par ses passions et bouleversée par les révolutions perpétuelles, les crimes, les visions sanguinaires des cirques où le sang des martyrs montait comme le parfum le plus précieux vers l'Etre Suprême, si odieusement outragé de toutes les façons.

« *Moyen âge.* — Après l'éclipse de Carthage, ce fut Gênes qui se mit à fabriquer les parfums. Les Vénitiens s'en occupèrent aussi, mais on peut dire que toute l'Italie fut bientôt le centre de la parfumerie.

« Nous avons vu que le principe des parfums était l'hommage rendu aux dieux. Ils devinrent après, non seulement le culte de la divinité, mais celui de la créature. Les Croisés, retour d'Orient, apportèrent la science des parfums délicats ; ils apprirent des peuples lointains l'art d'enfermer les parfums dans des cassolettes, dans des flacons, et même ils avaient apporté les fameuses *Pomandre* (pommes d'ambre) et l'*Oiseau de Chypre* fait de pâtes odoriférantes que l'on faisait brûler.

« Ce fut à Avicenne, le philosophe arabe qui vivait au xe siècle, qu'on dut la distillation de l'essence de roses.

« Les femmes du moyen âge se parfumaient donc peu ; cependant il existait en France la corporation des parfumeurs-gantiers, qui avait reçu de Philippe-Auguste ses premiers statuts en 1190. Ils furent imprimés par le roi Jean en 1357, par Henri II d'Angleterre se prétendant roi de France en 1426, par Henri III en 1582, et Louis XIV, en 1656, les renouvela et les augmenta.

« *La Renaissance.* — La Renaissance devait ouvrir franchement l'ère des parfums en France ; François Ier avait ramené d'Italie des parfumeurs qui se chargèrent d'initier les seigneurs de la cour et les belles dames aux voluptés des arômes suaves. La vanille, le genêt d'Espagne, étaient les odeurs préférées, ainsi que le musc. Notre subtilité moderne veut quelque chose de plus finement enivrant ; elle laisse la vanille aux crèmes et le musc aux maritornes.

« Catherine de Médicis amena d'Italie René, son parfumeur et son complice. Le Florentin tenait boutique au Pont-au-Change et n'arrivait pas à contenter son élégante clientèle, car les parfums étaient très appréciés en France, et maître René en fabriquait de très fins, de très subtils, ainsi que des poisons qui, à cette époque, se glissaient facilement parmi les objets parfumés. Du laboratoire du Florentin s'échappaient des vapeurs mortelles d'une suavité perfide.

« Le parfum à la mode était la frangipane, qui dura assez longtemps. Puis, après la peau d'Espagne aux violentes senteurs, la tubéreuse, le musc, le patchouli, viendront embaumer l'air où respirent les beautés de la cour de Louis XIII.

« *De Louis XIV à Louis XVI.* — Quant à Louis XIV, il y a lieu d'être perplexe.

« Dolaeus dit que Louis XIV ne supportait aucun parfum et d'autre part, le parfumeur Françoys (1680) dit que le somptueux monarque « aimait s'enfermer dans son cabinet avec M. Martial et lui voir composer les parfums qu'il portait sur sa personne sacrée ». C'est le même Martial, parfumeur alors en renom, dont Molière parle dans la comtesse d'Escarbagnas.

« Il est donc tout naturel de conclure que dès lors, toute la cour devait s'imprégner de parfums, ainsi que sous le précédent règne, où Richelieu vaporisait sa chambre avec des parfums que les laquais lançaient par des soufflets, l'instrument que nous connaissons étant encore ignoré.

« Sous Louis XV, la Cour de Versailles eut droit vraiment au nom de Cour parfumée. La divine Marquise dépensait annuellement un demi-million pour sa parfumerie. Il est vrai que Mme de Pompadour, affligée de certains petits désagréments intimes, devait s'inonder d'eaux de senteur ; aussi fut-il de mode, parmi les élégants, de changer de parfum à chaque heure du jour ; c'était une manière habile de faire sa cour à la favorite.

« Vers 1770, Calteau, rue Mauconseil, fournissait une grande partie des artistes dramatiques, pour les gants et les parfums.

« Voici, de ce parfumeur, un compte daté du 28 novembre 1773, que nous avons trouvé aux Archives Nationales (t. 201/69).

	Liv.	sols.
6 pots de poudre fine	3	12
2 pots pommade fine	2	»
22 onces de pommade au citron double....	3	6
1 pot de pommade de concombre...........	1	12
1 bouteille d'eau-de-vie de lavande	3	»
1 bouteille d'eau de myrthe double........	3	»
1 pot de pâte à la Reine..................	3	»
	18	30

« Marie-Antoinette était peu accessible à ces frivolités : sous son règne, on se parfumait très modérément.

« *Directoire et Empire.* — Mme Tallien se lança dans toutes les excentricités d'une parvenue ; elle voulut copier les impératrices romaines et baigna son beau corps dans le lait, dans les fraises, et s'inondait de parfums subtils.

« Joséphine avait gardé le souvenir des effluves de son île ; la créole avait la passion des parfums et ce fut souvent une cause de discorde avec Napoléon dont les narines habituées à respirer l'odeur de la poudre, se trouvaient péniblement affectées par ces émanations violentes et multiples de parfums si libéralement épandus.

« Les Cours au XVIIIe siècle aimaient à la passion la bergamote, le jasmin et l'œillet. Puis le XIXe siècle, plus favorisé par les progrès de la chimie, put à son aise délecter toute la lyre des odeurs lointaines les plus extraordinaires. Les white-rose, les essences de géranium que les Pères Blancs distillent dans notre colonie d'Algérie, à El-Biar, ne laissent rien à désirer ; c'est l'âme de la fleur ravie par la puissance humaine, et le XXe siècle verra s'épanouir, sans doute, quelque nouvelle trouvaille.

« *Epoque moderne.* — L'impératrice Alexandra fait cultiver spécialement pour elle, à Grasse, la violette parfumée. Elle se sert pour sa toilette de cette eau qui avant est analysée au Laboratoire impérial de la Pharmacie. Ces fleurs doivent être cueillies entre cinq et sept heures du soir pour donner au produit toute la suavité désirable. Malgré cela, la Tsarine dépense cinquante mille francs par an pour ses parfums et cosmétiques qui lui sont expédiés de Paris.

« La reine Alexandra d'Angleterre, impératrice des Indes, est fanatique d'un parfum qui, depuis 1829, est celui de la famille royale et que le parfumeur de la Cour est seul autorisé à fabriquer. C'est l'ess-bouquet composé d'ambre, d'essence de roses, de musc, de jasmin, de violettes, de fleurs de lavande et d'oranger.

« La reine Christine emploie, depuis ces dernières années, l'eau d'Espagne distillée précieusement pour elle. Jadis elle affectionnait le parfum des orchidées des Philippines ; la guerre a changé ses habitudes et lui a fait renoncer à ce parfum favori.

« La petite reine Wilhelmine se parfume à l'eau de Cologne ; mais elle emploie à cet usage un demi-litre quotidiennement.

« Quant à la princesse héritière de Roumanie, ses parfums favoris sont la triple essence de jasmin, l'essence de roses et l'héliotrope blanc.

« La femme élégante, celle qui veut ne laisser dans son sillage que le parfum de l'honnête femme, choisit une odeur discrète, et les parfums violents trouvent à se placer parmi la foule tapageuse des coquettes qui tiennent à se faire remarquer.

« *Aura Feminea.* — *L'aura feminea*, *l'odor di femina*, ou plus simplement le parfum personnel, est l'apanage de quelques personnes. Jadis les courtisanes, les beautés célèbres passaient pour connaître des philtres qui les faisaient aimer, alors que seule, leur beauté capiteuse et aussi le parfum que dégageait leur être étaient la véritable cause de leur puissance.

« La Sulamite Abisag, Judith, Dalila et mille autres beautés célèbres possédaient ce don précieux de dégager une suave odeur.

« Martial dit de Thaïs :

Tale male Thaïs olet, quam non fullonis avari
Testa vetus, media sed modo fracta via,
Non ab amore recens hircus, non ora leonis ;
Non detracta cani Transtiberina cutis.

« Ce qui prouve que Thaïs, toute belle fût-elle, ne sentait pas l'ambroisie et que de ce corps admirable, malgré les parfums, se dégageait une aura feminea détestable ; cela se produit, hélas ! en bien ou en mal.

« Horace parle d'une vieille femme, éprise de lui, qui sentait le bouc.

Quid tibi vis mulier...
... Namque sagacius unus odor.
Polypus an gravis hirsutis cubet hircus inalis
Quam canis, acer, ubi lateat sus, etc., etc.

« Ce fut, dit-on, pour la Sulamite Abisag, dont la beauté avait charmé Salomon après le roi David qu'elle réchauffait dans son lit, que fut composé le *Cantique des Cantiques*, où l'amour éclate en une fervente adoration ; celle-là possédait vraiment l'*aura feminea*.

« Cœsonia, femme de Caligula, était veuve,

mère de trois enfants et malgré cela l'empereur l'épousa : « Elle n'était ni belle ni jolie », dit Suétone, cependant Caligula en fut si épris qu'il ne pouvait s'en séparer un seul instant. On prétendit qu'elle lui avait fait boire un philtre magique, et lui-même disait qu'il lui ferait donner la question pour savoir par quelle magie il l'aimait ainsi. Ce philtre était tout simplement l'*aura feminea* que dégageait le corps de cette femme impudente, lubrique, comme la possédait aussi Messaline, la prostituée impériale, que les orgies de Subure attendaient frénétiquement pâmée. On peut lui appliquer l'ode à la rose de Sapho :

Son sein épanoui parfume le zéphire,
Son charme s'insinue au fond de notre cœur,
Il y répand une douce langueur.
C'est la volupté qu'on respire.

« Les vers de Parny donnent cette impression de séduction de l'*aura feminea* :

Ce chapeau, ce ruban, ces fleurs,
Qui formaient hier sa parure
De sa flottante chevelure
Conservent les douces odeurs.

« De quelle princesse de rêve est-il question en cette poésie amoureuse ?

« Henri II devint éperdument épris de la princesse de Condé à un bal où, fatigué, il était entré se reposer dans la chambre d'atours de cette princesse. Par mégarde, pour essuyer son visage couvert de sueur, le roi prit une chemise qui avait été quittée par la princesse avant le bal, et subitement un violent amour s'empara de lui. Il faillit mourir, tant sa passion le tourmenta.

« L'*aura feminea* de Mme de Maintenon devait être un parfum mitigé d'encens et se fards.

« Ninon de Lenclos possédait, au suprême degré, l'*aura feminea ;* ce fut sa puissance sur les générations qui se pâmèrent à ses pieds, jusque presque à sa mort.

« Dans *Madame de Chambley*, Alexandre Dumas attribue à son héroïne l'*aura feminea.* Il se dégage de tout son être un suave parfum de géranium. Cette particularité n'est pas bien fréquente, cependant elle existe, et soit l'ambre, soit la violette, soit la rose, etc., etc., beaucoup d'être humains en dégagent les parfums ; c'est plus agréable que de propager des odeurs nauséabondes comme, malheureusement, il arrive à certaines gens, pour le désagrément de leurs voisins. »

« Ce que nous avons dit au sujet des parfums s'applique également aux *pierres précieuses*, dit encore l'auteur de la brochure citée plus haut (*Moyens infaillibles pour semer l'amour*). De toutes les substances terrestres il n'en est pas qui aient plus de sympathies pour toutes les substances sidérales que les *véritables pierres précieuses.* — Tout le monde sait que la pierre aimantée est despotiquement influencée par l'étoile polaire. — Certaines pierres sont d'une sensibilité des plus délicates, plusieurs *meurent* lorsque les personnes qui les portent sont atteintes de certaines maladies ; les perles ne restent brillantes que si elles sont portées et en contact avec la peau, l'hydrophane n'a son reflet que dans l'eau, d'autres gemmes perdent leur éclat si elles sont atteintes par des exhalaisons putrides. — Le grand occultiste *Porta* prétendait « qu'à chaque maladie, qu'à chaque péché *correspond* une pierre, de sorte qu'en posant sur la main du malade ou du pécheur toutes les pierres les unes après les autres, on peut connaître le mal ou le péché; car lorsque la pierre correspondant au mal ou au péché est posée sur la main, elle *dégage* un fluide avertisseur ».

« Il doit y avoir dans cette théorie une grande part de vérité, les médecins anciens obtenaient à l'aide des pierres précieuses des *cures surprenantes* et depuis la renaissance de la science astrologique on revient à cette méthode et on *s'en trouve bien*.

« A la campagne, les paysans n'ont jamais cessé de croire à la vertu de certaines pierres. Bien des mères de famille mettent autour du cou de leurs petits enfants des colliers d'ambre ou de corail pour faciliter la pousse des dents.

« Voici la classification planétaire des gemmes :

Soleil . — Hyacinthe.
Lune . — Sélénite.
Mercure. — Béryl.
Vénus . — Turquoise claire.
Mars . — Améthyste.
Jupiter . — Saphir foncé.
Saturne . — Onyx.

Parfum du Vendredi.
Sous l'influence de Vénus.

Composé de roses desséchées, de musc, de corail rouge, d'ambre gris, de bois d'aloès ; pulvérisez ces produits et mêlez-les à du sang de tourterelle et à la cervelle de deux autres oiselets. De ce mélange, vous formez une pâte, dont vous faites des grains. Ces grains devenus secs, vous pouvez vous en servir selon le besoin, trois par trois à la fois.

(Petit Albert).

« Les choses consacrées à Vénus sont, entre les métaux : le cuivre jaune et rouge ; entre les pierreries : la cornaline, le béryl et le cérat ; entre les arbres et les plantes : le myrthe, la lanoise, l'oranger et autres arbrisseaux odoriférants, le serpollet, l'émula campana, la coriandre, la valériane ; entre les animaux, le lapin, la brebis, la chèvre, les vers à soie et le caméléon qui est changeant comme la lune, la torpille, les huîtres et les grenouilles. »

(Clavicules de Salomon).

Il suffit, pour se servir efficacement des parfums et des gemmes magiques, de savoir sous quel signe planétaire on est né, et de choisir le parfum et la pierre affectés au signe (1).

Emeraude. — C'est une pierre verte et transparente : elle est utile aux yeux et à la mémoire,

(1) Pour plus de renseignements, lire la brochure citée plus haut : *Moyens infaillibles pour semer l'amour*, etc.

entretient la chasteté, s'abîme si celui qui la porte ne demeure pas chaste.

(Grimoires de Paracelse).

C'est pour cela, sans doute, que les belles émeraudes portées en bijoux sont si rares dans la société.

CHAPITRE IV.

LA FASCINATION

Certains hommes sont naturellement doués d'un regard très magnétique et grâce auquel ils ont sur les femmes la plus grande, mais aussi la plus désastreuse influence. La puissance de ce regard n'est pas chose très explicable ; elle est en tout cas certainement d'origine diabolique, — certainement, car ces hommes, sans plus chercher à connaître les raisons de ce qu'ils croient orgueilleusement une qualité propre, usent de cette qualité, de ce don, ou plutôt de cette infernale disposition qui a nom : la fascination. Ils fascinent la femme comme l'aigle la colombe et le serpent l'oiseau.

Suit l'opinion de Mme de Tramar sur la fascination, opinion extraite de son intéressant ouvrage, *Que veut la Femme* (1) :

« Par le prestige, nous obtenons la fascination. C'est une sorte d'hypnose exercée sur les masses, sur l'être que l'on veut réduire à sa merci.

(1) Comtesse de Tramar. *Que veut la femme ?* 1 vol. 3 fr. 50.

« La fascination est le secret des charmeurs de serpents. Les yeux rivés sur les yeux du sujet, le charmeur lance ses effluves, engourdit, endort, apaise la révolte, fait rentrer les dards venimeux ; anesthésie en quelque sorte le reptile qui devient obéissant, inoffensif. Il est « charmé », c'est-à-dire dompté. Toutes ses révoltes, sa férocité, se sont évanouies sous le « charme ». On peut le torturer, le tuer, le « charme » l'empêche de se défendre. Il est anéanti ! Le maître l'a réduit sous sa volonté à l'état d'être neutre. Il a paralysé toutes les énergies et le réveil n'est pas à craindre, car la fascination reprendra et remettra dans le même état de dolente torpeur le sujet vaincu.

« La fascination, nous le disons, s'exerce par l'influence du prestige qui en est le conducteur. L'être fasciné devient la chose du charmeur. Il ne voit plus rien autre au monde. Ses défauts paraissent des qualités, et rien ne peut le soustraire à ce sentiment admiratif imposé par le prestige et par la fascination réunis.

« La fascination s'exerce par divers moyens, selon la mentalité du sujet. On doit l'étudier, se rendre compte de sa nature, puis agir méthodiquement, rapidement, pour ne pas lui laisser le temps de se dérober à l'emprise du charme. »

CHAPITRE V

DU CHARME ET DE L'ENSORCELLEMENT

Dans ce chapitre, le *charme* et l'*ensorcellement* sont abordés. La parole est aux grimoires d'Albert et de Porta à propos du principal ensorcellement en amour : l'aiguillette nouée. Qu'est-ce que nouer l'aiguillette ? C'est empêcher deux époux ou amants, habituellement deux jeunes mariés, d'entamer et de mener à fin l'acte d'amour. Il n'est pas d'exemple que l'aiguillette nouée n'ait jamais été dénouée ; l'état d'impuissance produit par ensorcellement n'est heureusement pas constant.

— Comment noue-t-on l'aiguillette ?

M. Schwaéblé nous l'apprend dans son livre, *Le Problème du Mal* (1).

« S'étant muni d'un lacet, le sorcier se rend à l'église où l'on célèbre un mariage. Lorsque les anneaux s'échangent, il fait au lacet un premier nœud ; il en fait un second au moment où le

(1) *Le problème du mal*, par René Schwaéblé. (Sorcellerie pratique, Astrologie, Alchimie, Magie). 1 vol. 3 fr. 50. H. Daragon, éditeur, Paris.

prêtre prononce les paroles essentielles au sacrement ; et quand les époux sont sous le drap, il en fait un troisième.

« Et voilà ! l'aiguillette est nouée, les mariés chercheront en vain à se rapprocher !

« Le sorcier a encore d'autres recettes pour arrêter l'amour : donner certaines herbes (narcisse, nénuphar, etc.) qui refroidissent ; aliéner la volonté de l'une des parties pour la transporter ailleurs ; persuader à l'un que l'autre est difforme et mal accompli ; fermer la *nature* (ce qui constitue l'une des marques ou griffes du Diable) ; inspirer un invincible dégoût au mari ou à la femme quand ils en viennent aux embrassements ; etc. »

Contre l'aiguillette nouée.

Nos anciens assurent que l'oiseau appelé pivert est un souverain remède contre le sortilège de l'aiguillette nouée, si on le mange rôti à jeun avec du sel béni ; si on respire la fumée de la dent brûlée d'un homme mort depuis peu, on sera pareillement délivré du charme ; le même effet arrive, si on met du vif-argent dans un chalumeau de paille d'avoine ou de paille de froment, et que l'on mette ce chalumeau de paille de froment ou d'avoine sous le chevet du lit où couche celui qui est atteint de ce maléfice. Si l'homme et la femme sont affligés de ce charme, il faut, pour en être guéris, que l'homme pisse à travers de l'anneau nuptial que la femme tiendra pendant qu'il pissera.

(*Petit Albert*).

Autre moyen.

Ayez la verge d'un loup nouvellement tué, et étant proche de la porte de celui que vous voudrez lier, vous l'appellerez de manière à le surprendre, et lorsqu'il aura répondu, vous lierez la dite verge de loup avec un lacet de fil blanc, et il sera rendu si impuissant à l'acte de Vénus qu'il ne le serait pas davantage s'il était châtré. De bonnes expériences ont fait connaître que pour remédier et même pour empêcher cette espèce d'enchantement, il n'y a qu'à porter un anneau dans lequel soit enchâssé l'œil droit d'une belette.

(*Petit Albert*).

Comment l'amour se peut engendrer, et des choses qui retiennent la vertu du médicament amoureux.

Dès le commencement de notre œuvre, nous n'avons eu d'autre dessein que d'expliquer naturellement toutes choses et principalement celles qui arrivent par les œuvres des mages iniques, afin de fouler aux pieds leur pernicieuse science, car par ces lacs et filets d'erreur ils enveloppent les esprits des humains, attendu que la plus grande partie des hommes s'arrêtent à cette science, comme aussi j'en vois plusieurs travaillés par les fallacieux artifices de cet art diabolique. Quant à nous, nous ne trouverons pas qu'il ne soit pas convenable de discourir sur les attraits amoureux, dont nous aurons eu connaissance, ne voulant toutefois nous départir ou nous éloigner du droit de nature, c'est pourquoi je prie le lecteur qu'il prenne tout en bonne part. Donc, pour commencer, il convient de savoir que l'entendement humain ne s'incline à rien plus volontiers qu'à allumer les flambeaux de l'amour dans les cœurs et les esprits des hommes, afin de les rendre plus doux et plus gracieux et plus prompts à obéir à notre volonté. Et pour autant que cela arrive pour certaines choses dans lesquelles la puissance d'opérer cet effet est cachée, usons de celles dont quelques-unes ont été enseignées par nos ancêtres et approuvées de nous par l'expérience que nous en avons faite et de plusieurs aussi qui ont été acquises et trouvées par l'industrie des modernes. Premièrement, entre ces appareils, l'Hippomanès anciennement a été élevé jusqu'au ciel ; combien qu'il y en ait eu encore qui ont affirmé que c'étaient là des fictions et de vaines fables de femmes, peut-être assujettis à de fausses démonstrations, et non aux miracles prodigieux de la nature et ajoutant foi aux causes auxquelles l'expérience contredit et répugne. Or, ces gens estiment que cet Hippomanès est être double, l'un qui est une semence ou sperme distillant des parties honteuses de la jument enflammée d'une ardeur démesurée de luxure, que le poète, en ses Géorgiques, a chanté comme suit dans les vers suivants :

De là finalement, cette semence lente,
Estimée à bon droit horrible et violente
(Et que d'un propre nom Hippomanès appelle
Des experts pastoureaux la fidèle séquelle)
Dit elle, et par ardeur découle lentement
Du membre naturel de la chaude jument.
L'Hippomanès, que l'injuste marâtre
A souvent recueilli, folle et acariâtre
Dans l'herbe encore et ajustant de même
Plusieurs mots moyennant encore naissance extrême.

Tibulle, à son tour a parlé de ceci dans les vers suivants :

L'Hippomanès distille et bien ouvertement
Du membre naturel de la chaude jument.

Et encore cette humeur n'est pas sans efficacité à tel dessein et ailleurs nous avons traité de l'usage à en faire, quand le lien et la saison l'ont requis; mais l'autre Hippomanès est de la grandeur d'une noix commune ronde et toutefois largette, et d'une couleur noirâtre, et est posée au front d'un poulain naissant; et la jument a cette nature qu'après qu'elle a fait son poulain, elle dévore les Secondines, et ayant mis son travail en oubli, léchant et nettoyant son faon, elle arrache enfin cette apostume qui s'appelle Hippomanès. Et si quelqu'un s'avisait de la dérober, il se garderait bien de présenter le petit poulain aux mamelles, car la jument le haïra et le chassera loin d'elle, sans que jamais elle l'aime, ce que le poète a très bien rendu dans son Enéide par les vers suivants :

On cherche aussi l'amour, je dis l'amour puissant
Qu'on arrache au front du poulain déjà naissant
Et qui est dérobé à la chétive mère
Laquelle vient concevoir en douleur amère.

C'est pourquoi les anciens ont à bon droit estimé que de cette chair-là s'engendrait l'amour et que c'était un charme d'amour bien puissant. Et comme raconte Pausanias, ce que Alianus n'oublie pas non plus, qu'Arcus Olympien a reconnu qu'il y avait tant de force dans cette humeur, qu'ayant bâti une jument de bronze mêlée en fonte, sans queue (non toutefois si naïve que les chevaux en dussent être alléchés et trompés) mais il y enferma cet Hippomanès : au moyen de quoi les chevaux en furent tellement épris que pris de trop excessive furie et rompant leurs brides, ils couraient vers le cheval de bronze et la saillaient plus courageusement qu'une jument belle et vivante. Et encore que les cornes des pieds des chevaux adhérentes à la statue d'airain se foulassent par un lubrique écoulement, pour cela ils n'étaient distraits du coït et de l'embrassement, mais plus ardemment et à gueule ouverte et plus fortement qu'auparavant, ils lui hennissaient et ne purent être distraits de l'amour de cette statue qu'ils n'en fussent chassés à grands coups de fouet et par la force de ceux qui les chevauchaient. Or pour parler de l'étymologie d'Hippomanès et pourquoi ce nom lui a été donné, c'est parce que semblablement à la ressemblance de la convoitise luxurieuse des chevaux, elle induisait et causait l'amour aux hommes et les faisait, transportés de furie, passer incontinent à l'acte vénérien. Il y a plusieurs personnes de grande autorité qui ont des pasteurs qui connaissent fort bien tout cela, et si ces galants veulent faire quelque promesse d'amour à quelque personne pour l'enflammer d'embrassements amoureux et faire que les femmes soient passionnées d'une langueur amoureuse, voire jusques à en mourir inclusivement, ils observent avec soin le temps que la jument doit faire son poulain, et aussitôt qu'elle l'a produit, ils dérobent et se saisissent de l'Hippomanès et le gardent très bien dans le pasturon ou corne d'une jument : afin que quand ils en auront affaire, réduit en poudre bien menue, ils le mettent bien fallacieusement dans les potages ou breuvages, au moyen de quoi ils rendent l'esprit forcené plus doux et plus apprivoisé, induisant une ardeur d'amour telle que celle dont les jouvenceaux lascifs sont généralement épris au commencement du printemps et continuellement petit à petit enflamment leur convoitise qu'à tout âge ils lui donnent des yeux pleins de luxure, et captive tellement le mâle et la femelle qui auront savouré ce brouet qu'il rendra l'amour réciproque. Le remora était jadis réputé pour infâme et déshonnête dans les empoisonnements anciens. Aussi si un homme a la partie naturelle d'une hyène liée au bras, et regarde une femme, c'est un attrait amoureux tellement vif qu'incontinent elle le suivra. Or, je ne saurais dire si ceci est vrai ou faux, de peur qu'on veuille me reprocher ce que je reprends chez les autres, car la prise de tels animaux est bien difficile, pour ne pas dire impossible. Il y en a qui l'enseignent autrement, et si vous y tenez, vous pourriez l'apprendre également. Vous pourrez donc faire ceci, en regardant des animaux excessivement épris d'amour, comme des passereaux, des pigeons et des colombes, mais il vaut mieux encore prendre pour exemple les petits chiens. Qu'on lie une petite chienne de six mois ou d'un an, alors qu'on croit qu'elle voudrait se joindre au chien pour être couverte, au commencement du printemps, car c'est la partie de l'année où elle recherche le plus ardemment le mâle, et en effet elle le désire alors si fort qu'elle ne cesse de courir et d'aboyer après lui. Que donc on les lie étroitement, toutefois de sorte que le mâle et la femelle ne puissent se joindre ou s'accoupler, et surtout que l'un et l'autre soient en âge de puberté, c'est-à-dire capables de faire acte d'amour. Cela fait, qu'on leur donne à manger à foison et d'excellente nourriture, afin que par l'abondance du sperme ils s'enflamment et désirent faire des petits; ils seront embrasés d'une chaleur tellement furieuse que cela les fera crier et se démener extrêmement. Et lorsque vous verrez que la femelle est parvenue au suprême degré de chaleur, en sorte que les parties génitales commenceront à lui démanger, à s'enfler et à grossir, ce qui arrivera au bout d'une journée, il faudra lui couper la gorge et prendre les parties où gît le désir, principalement le désir d'amour, et les jeter au chien. Il y a beaucoup d'autres expériences encore dont nous pourrions parler, mais nous estimons que nous avons assez parlé de ce sujet, et nous sommes sûrs que tout ce que nous avons dit jusqu'ici est de la plus exacte vérité.

(*Porta*).

Des charmes et ensorcellements, ou comme on peut être empêtré par eux, et de leurs préservatifs.

Maintenant il convient de traiter des ensorcellements et de ceux qui en ont usé, car s'il nous arrive de feuilleter les ouvrages des anciens, nous trouverons vapeurs qui sortent par les yeux et infectent de leur venin le corps des assistants. Mais si vous aimez une jouvencelle accorte et belle, et que vous vouliez la charmer, ou si la femme amoureuse veut envelopper l'homme dans les lacets de l'amour, voici le procédé dont il faut user pour arriver à ce résultat.

Le moyen d'enlacer les femmes aux lacs d'amour.

Premièrement, il convient que les personnes soient en partie sanguines, et en partie colorées, reluisant d'une gentille netteté, avec des yeux verts et étincellants, tirant sur le bleu : encore vaudra-t-il mieux qu'elles vivent chastement, afin que par un trop fréquent coït le suc des humeurs ne s'épuise pas trop vite. Ensuite entrent en jeu le regard et des œillades très fréquentes, puis par un effort obstiné de leurs imaginations respectives; les deux parties inclinent leurs yeux, prunelle contre prunelle, rayons contre rayons et joignent la lumière de leurs yeux ; et ainsi de ce regard réciproque naîtra l'amour.

Mais pour savoir pourquoi la personne aimée de vous sera prise par votre regard et non par celui des autres, on le peut voir par la raison que j'ai donnée plus haut, et encore par celle-ci. Cela advient par l'intention de l'attrayant, laquelle est dardée par l'haleine ou les vapeurs, et la personne qui est touchée de cette haleine est faite semblable à l'autre. Car étant principalement dans cette passion, et l'imagination étant fortement tournée vers la chose désirée, une longue habitude fait que l'esprit et le sang obéissent fatalement. Et alors la personne aimée peut être enlacée et enflammée du désir de la chose aimée par ces vertus, bien que toutefois l'esprit, par la seule affection, puisse produire et causer de tels effets. C'est ce que l'on attribue à Avicenne, dont l'opinion ne s'éloigne guère de celle que nous donnons ici. Selon l'avis de Museus, l'œil pose les premiers fondements de l'amour, et sert principalement à allécher l'attrait amoureux. Diogenianus, de son côté, dit aussi que l'amour naît du regard, d'autant qu'il est impossible qu'une personne puisse aimer une chose qu'elle ne connaît pas. Juvénal raconte d'un amant, ce qui doit être tenu pour un prodige, ce qui est exprimé dans les vers suivants :

Auquel éperdument épris de la pucelle,
Non vue encore ardait l'amoureuse étincelle.

Car le regard des yeux reluisants contraindra à l'amour la créature aimée et vue, voire même jusqu'au transport forcené des sens. Le commencement de l'amour prend naissance par les yeux ; les autres membres n'en donnent pas la cause efficiente et vraie, mais la suscitent, de sorte que par l'attrait et l'élégance de la beauté, ils arrêtent celui qui regarde et le subjuguent. Et alors, poétiquement, — on dit que Cupidon aux aguets lance ses dards, de sorte que l'aiguillon, dardé des yeux, passe aux yeux des assistants et finalement brûle les entrailles. Voici comment Apulée en parle : Car, dit-il, les yeux étant dévallés par les miens dans mes parties intimes, produisent une grande ardeur dans mes moëlles. Or, n'avons-nous pas donné une petite racine aux curieux rechercheurs : et de peur que tu ne deviennes insensé, tu pourras corroborer cela par de nombreuses expériences. Que si quelqu'un trouve cela étonnant, ayant bien considéré les maux qui surviennent par contagion, comme la démangeaison, la rogne, la chassieuseté, la peste, elle infecte ou entache la personne présente par simple attouchement, ou par le regard ou parfois par la parole, pourquoi ne pourrait-on croire que la contagion amoureuse, qui est la plus pernicieuse de toutes les maladies, ne puisse envahir soudainement les hommes ? Et non seulement cela prend dans les personnes auxquelles on s'attache, mais retourne à celles qui l'ont dardé, de sorte qu'ils attirent le même charme ou le même empoisonnement qu'ils ont dardé.

Aussi les anciens écrits publient une merveille de certain personnage nommé Eutalida, lequel par eaux, par miroirs et par fontaines regorgeantes, donna un aspect à l'encontre de l'image qu'il regardait, et l'auteur même de ce regard en fut endommagé, car il s'enamoura tellement de soi-même et se trouva si beau qu'il tomba sous le charme et porta ainsi le châtiment de sa maladie particulière. Ainsi les enfants par leurs propres attraits se charment et s'énamourent l'un l'autre, dont les pères et autres parents attribuent la faute aux sorciers. Mais comme on trouve remède à toute choses, excepté cependant à la mort, voici quelques remèdes préservatifs contre ce mal.

Les remèdes préservatifs, ou secourables contre ce mal.

Il y en a plusieurs, que la sage antiquité a établis, mais si vous voulez rompre ce charme, vous pourrez le détourner de la manière suivante. Otez la vue et l'objet de la chose aimée, de peur qu'il ne fixe son regard sur vous et que les lumières ne se joignent aux lumières, et après, pour en ôter la cause, ôtez en peu à peu la conservation, empêchez aussi l'oisiveté, mais chargez l'entendement de la personne aimée de graves soucis. Après, jetez son sang, sa sueur, et tous ses excréments, afin qu'ensemble toutes ces choses nuisibles soient poussées au loin par le vent. On trouve aussi des médicaments contre les premiers maux. Mais si le maléfice procède des yeux, vous vous en rendrez compte de la manière suivante : la personne offensée perdra sa couleur, elle ne lèvera jamais les yeux, mais les tiendra toujours baissés, elle soupirera souvent, et son cœur sera étreint d'angoisse, sans qu'on aperçoive aucun symptôme de mal, et elle versera des larmes salées et amères. Or, pour la délivrer de cet ensorcellement et parce que l'air qui l'environne est contagieux et contaminé, qu'on lui applique des parfums odoriférants, afin qu'ils purifient l'air ; vous obtiendrez le même résultat en l'arrosant d'eau distillée, de canelles, de girofles, de musc et d'ambre. Par ce moyen, l'ancienne coutume s'est étendue jusqu'à nous, et les femmes ont retenu ceci, à savoir que si elles remarquent que les enfants aient pris quelqu'objet nuisible, pour les purger de ce mal, elles les parfument d'encens ; puis elles les gardent et les font séjourner dans une atmosphère claire et pure, et leur pendant au cou des pierres précieuses, comme une escarboucle, une hyacinthe, ou un saphir, et Dioscoride estime que l'aloès pendu en la maison, ou la valériane, servent de médicament secourable pour ce mal. Toutefois il sera utile de flairer souvent l'hysope et le lys. Il sera bon aussi de porter un anneau façonné de la corne d'un pied d'un âne domestique, et d'orchis, qu'on appelle en notre idiome vulgaire couillon de chien. Aristote loue la rüe, pour obtenir de l'efficacité à cet égard. En somme, toutes ces choses ralentissent et annihilent même la force des charmes. Nous avons écrit dans ce livre toutes celles qui étaient éprouvées par la voie de l'expérience et même les autres, plus incertaines, mais qui nous ont semblé cependant conformes à la vérité.

Porta (1).

Et voici, après ces sorcelleries médiévales, quel-

(1) Tous ces extraits sont empruntés à l'excellente réédition de la *Magie Naturelle* de Porta, que vient de donner la librairie H. Daragon. — 1 vol. in-8°, 15 francs.

ques lignes « modernes » sur le sujet d'ensorcellement ou d'envoûtement d'amour, extraites du livre cité plus haut : *Que veut la Femme ?*

« Etre aimé en dépit des obstacles, de toutes les difficultés qui parfois surgissent en travers du désir, voilà le rêve de l'humanité. Elle court frénétiquement à la fontaine de volupté pour s'abreuver d'amour, et s'y précipite d'autant plus ardemment, que tout s'oppose à l'accomplissement de ses vœux.

« Sous la pesée des siècles, nous voyons les pratiques les plus diverses expérimentées pour donner satisfaction aux insatiables. C'est la statuette de cire, représentant le sujet à séduire. On l'habille comme lui. L'on doit se procurer des fragments de ses vêtements, une parcelle de ses ongles, de ses cheveux, une de ses dents, y incorporer des *hosties consacrées et consumées*, (*sic*) etc., puis on la baptise avec de l'eau bénite, en lui donnant les noms et prénoms de l'envoûté. On la pique au cœur, aux yeux, à la bouche, au cerveau et même dans les endroits secrets en disant les paroles magiques nécessaires pour que sa pensée, son cœur, ses paroles, ses sens, appartiennent entièrement à la personne qui demande l'envoûtement.

« Voici une formule inédite de l'envoûtement d'amour :

« L'on doit se procurer de la cire vierge, avoir une table sur laquelle on pose un linge blanc n'ayant jamais servi, trois cierges bénis que l'on allume et, après avoir placé la cire entre les cierges, l'on dit la conjuration suivante :

VÉNUS, AMOR, ASTAROTH

Je vous conjure tous trois, ministres de l'Amour et des fornications, par Celui qui peut tout détruire et tout édifier et par les noms de Celui qui sait chaque jour vous contenir — de consacrer cette cire convenable à mes desseins. Confirmez-la, afin qu'elle obtienne la vertu nécessaire par la crainte du Très-Saint-Père Tout-Puissant Adonaï, dont le règne est sans fin dans les siècles des siècles.

(Ici l'on s'incline profondément).

Viens, de ton siège sacré Adonaï, afin que ton pouvoir sacré se joigne à notre volonté.(L'on prend la cire que l'on modèle pour obtenir une image aussi ressemblante que possible aussi bien pour les traits que pour le costume, avec ceux de la personne que l'on veut envoûter. L'opération terminée, on baptise la figurine avec de l'eau bénite et l'on ajoute après lui avoir donné ses noms et prénoms habituels :

O toi, Oriens ! roi qui commande l'Orient, et dont l'empire n'a pas de commencement.

O Payou, roi de l'Occident !

O Amayou ! roi grand qui commande les plages australes.

O toi Egyn, qui règnes au Septentrion, moi ! je vous invoque doucement et instamment, je vous prie, — par Celui qui a parlé, et par qui il a été d'une seule parole tout créé, — et par le Saint Nom de Dieu — de pénétrer et de confirmer cette effigie, afin que s'accomplisse mon désir par le Très-Puissant Nom d'Adonaï.

(Religieusement, tenant un cierge à la main et la statuette, l'on porte celle-ci à la tête du lit, on l'y attache de façon à ce que personne ne puisse la voir.

« Nous supposons qu'ici l'on peut souffler la chandelle, mais nous ne savons pas s'il faut, pour porter processionnellement cette statuette, marcher sur la tête ou sur les pieds. En tous cas, il n'y a que trois jours à attendre pour obtenir un résultat.

« Ainsi qu'on peut le voir, cette pratique tout en n'offrant nullement l'apparence d'un maléfice, car la cire modelée et les épingles sont de peu d'importance et d'un effet problématique, est un véritable sacrilège.

« D'abord, cette parodie du baptême, puis la récitation de ce Pathos, où s'amalgament les puissances diverses, infernales, divines et sublunaires.

« Il faut être complètement détraqué pour profaner ainsi les magnifiques Antiennes appelées Grandes O parce que les invocations commencent toutes par O. L'Eglise chante ces prières liturgiques, neuf jours avant Noël. Elles renferment les promesses faites par Dieu aux saints Patriarches, de leur envoyer le Messie. Ainsi qu'une prière par laquelle l'on conjure le Christ de venir et d'apporter les différentes grâces qui sont le fruit de sa naissance.

« Il est donc sacrilège de les fair servir à des pratiques réprouvées à juste titre par l'Eglise.

« Encequi concerne le résultat decetteopération impie et saugrenue, nous pensons qu'on peut l'attendre... longtemps. Il serait étonnant que Dieu exauçât des prières sacrilèges, car c'est l'outrager profondément, de mêler son Nom Vénéré à des maléfices.

« Et ce n'est pas tout malheureusement ; les formules sont multiples, des cœurs de tourterelles, de moutons piqués, lardés d'épingles, de clous, pour torturer l'envoûté réfractaire et le faire céder. Les lacs d'Amour liés au bras gauche avec des branches de Myrte qu'il faut faire toucher à l'amoureux insensible ; les anneaux consacrés qu'il est absolument utile de lui faire porter. Et tout cela accompagné de prières, de récitations de psaumes, d'évangiles, amalgamés à des formules infernales. Toute cette liturgie bizarre ne démontre-t-elle pas éloquemment l'insanité de la personne qui l'emploie et le déséquilibre de son esprit ?

Mme de Tramar dit encore, à propos de l'envoûtement de haine :

« Il y a plusieurs formules d'envoûtement de haine. Si elles ne sont pas concluantes par le résultat, elles le sont complètement par la sottise et par l'intention criminelle :

« 1° *Par la figurine.*

« Faire une statuette ressemblant au sujet à envoûter, la larder de clous et d'épingles, conjurer.

« Le résultat s'obtient en une seule fois ou lentement selon la violence du procédé. Il est toujours indiqué de faire entrer dans la figurine quelque parcelle du corps ou des vêtements ayant appartenu à l'envoûté, pour que le transport fluidique puisse s'opérer.

« 2° *Par le crapaud*, qui remplace la figurine. Il faut alors le baptiser en lui donnant le nom du sujet.

« 3° *Par le cheveu.* — L'on se procurera un cheveu du sujet, puis l'on opèrera le vendredi à l'heure de Vénus. L'on fait un premier nœud au cheveu en demandent toutes les abominations dont le sujet doit être gratifié. Tous les jours, à la même heure, durant neuf jours, l'on fait un nœud au cheveu et le neuvième, qui est un samedi, jour de Saturne, l'on frappe à l'heure consacrée à Saturne le cheveu de l'ennemi, qui ressent cruellement le coup.

« 4° *Par le cœur.* — Cœur de veau, de mouton, cela indiffère, mais il faut l'ouvrir, le remplir de clous de lattes, ou le larder d'épingles, de clous en croix, conjurer en demandant les pires choses. Puis aller dans un cimetière, l'enterrer la nuit même, auprès d'une tombe fraîche. Il y a encore plus fort. On prend le cœur d'un bœuf, on le bourre de clous après l'avoir baptisé du nom de l'envoûté et à minuit, on le porte dans un bois à l'endroit où les chemins forment une croix ; l'on creuse un trou puis l'on met une couche de chaux vive, l'on dépose sur la chaux le cœur du sujet représenté par le cœur de bœuf, et l'on prononce la conjuration la plus violente du répertoire. Enfin l'on remet une couche de chaux et la terre que l'on piétine, puis l'on récite des psaumes de David, cinq Pater et cinq Ave Maria et l'on s'en va. Avis important : il faut éviter de regarder en arrière durant l'opération et de se retourner en s'en allant; sans cela tout irait de travers. Durant neuf jours à la même heure, l'on récite à nouveau les prières et la conjuration afin de faire souffrir le sujet qui meurt souvent ; à moins qu'il ne survive cependant. Il y a encore la poule noire, les hosties consacrées que l'on fait avaler à des serpents, à des crapauds, enfin toute la série stupide, sacrilège et criminelle pratiquée par ceux qui sont le jouet des exploiteurs.

« Quels sont les résultats de ces pratiques maléficiantes ? Nous pouvons avec assurance dire que le résultat absolument réel consiste à commettre une action criminelle par la pensée. Nous avons été personnellement l'objet de ces procédés de haine. On nous a fait le cœur de bœuf, la poule noire, des figurines, etc., etc. Une personne démoniaque s'est acharnée après nous ; mais il faut croire que nous étions protégée, car nous ne sommes pas encore passée de vie à trépas, malgré son désir et d'autres procédés plus expéditifs et plus certains qui, malheureusement, ont agi beaucoup trop.

« La moralité qui se dégage de tout ceci est que les sciences occultes mises à la portée de tous font éclore des criminels, sinon de fait, de par cette science, du moins moralement et que, dans leur rage, en constatant leur impuissance maléfique, ils arrivent fatalement au crime réel.

« L'Eglise a donc de très bonnes raisons d'interdire ces pratiques, de sévir sérieusement contre les pratiquants et contre ceux qui enseignent la science maudite. Il est en outre déconcertant qu'à notre époque intellectuelle de telles manœuvres puissent être prises au sérieux, et qu'il se trouve des créatures assez dénuées de bons sens pour porter leur argent, — et beaucoup, ces travaux se paient fort cher — à des filous, des bandits qui méritent la corde et le droit de se balancer au bout.

***

Les mahométans sont très forts en sortilèges et envoûtements de haine et d'amour. On trouvera quelques-unes de leurs recettes dans le premier volume de l'*Encyclopédie de l'Amour, le Maroc,* par M. Christian Houel (1).

(1) *Encyclopédie de l'Amour*, publiée sous la direction de M. Marius Boisson. Volume I. Le Maroc (Mariage, Adultère, Prostitution), par Christian Houel. Un vol. avec frontispice gravé. Prix : 6 francs. H. Daragon, éditeur, Paris.

CHAPITRE VI

DU CHOIX D'UNE FEMME

« Jeunes gens qui êtes jaloux d'obtenir une belle progéniture, jugez de quelle importance est le choix d'une épouse, puisque c'est la femme qui prend le plus de part à la propagation. N'est-ce pas elle, en effet, qui fournit les œufs d'où doit sortir l'homme futur, qui l'alimente de son sang pendant les neuf mois de la gestation, enfin, qui le nourrit encore de sa propre substance dans les premiers temps de la vie extra-utérine ? Jugez donc combien il vous importe de ne diriger vos affections que sur une personne qui réunisse en elle tous les éléments de la beauté physique et morale.

« Les qualités requises pour constituer la beauté physique et morale sont loin d'être les mêmes chez les deux sexes. La nature assigna à l'un et à l'autre des caractères particuliers sans la jouissance desquels ils ne sauraient mériter nos suffrages : il faut que l'homme soit homme, et que la femme soit femme. Or, les caractères particuliers au beau sexe sont, en aperçu général, la délicatesse, la souplesse et la douceur, tant au physique qu'au moral. Partant de là, il ne nous sera pas bien difficile de nous pénétrer des conditions requises pour que la femme soit jugée belle et capable de donner naissance à des enfants tels que nous les désirons.

« Le volume trop considérable de la tête dans la femme serait une véritable monstruosité pour laquelle nous devons marquer tout notre éloignement : dans une telle femme, nous ne pourrions rencontrer qu'un caractère impérieux et despotique ; le beau sexe doit offrir cette partie dans des proportions moins développées que chez l'homme, eu égard au volume du reste de l'économie. Que cette tête, toujours dressée avec un mélange de noblesse et de modestie, se trouve ornée de cheveux aussi nombreux que longs et doux au toucher. Préférons la châtaine à toute autre ; cette couleur des cheveux dénote de la douceur et même un certain degré de force. Ne rejetons cependant point la blonde : l'aménité du caractère distinctif. La brune et la noire sont plus piquantes, plus spirituelles, plus vives, plus enjouées, plus lestes, plus ardentes dans le plaisir et meilleures nourrices que la blonde et la châtaine ; mais, en revanche, elles offrent une volupté plus tenace, un caractère plus indomptable, et une pente plus ou moins irrésistible au despotisme. Que les rousses, à moins que la nature n'ait établi des exceptions (exceptions fort rares) pour celles qui s'offrent à notre examen, se trouvent toujours repoussées comme incapables de nous donner de très beaux enfants.

« Jamais, dit l'immortel Bichat, les cheveux d'un « rouge de feu, ni leurs diverses nuances, ne peu- « vent avoir d'attraits pour nous. La plupart des « peuples ont pour une rousse une aversion non « équivoque. Cette opinion est trop générale pour « n'avoir point un fondement réel. Le principal « me paraît être la connexion ordinaire de ces « cheveux avec le tempérament, et, par là même, « avec le caractère qui résulte de celui-ci ; or, l'es- « pèce de caractère associé à ce genre de cheveux « n'est pas communément des plus heureuse, « quoiqu'il y ait beaucoup d'exceptions à ce prin- « cipe passé en proverbe. Un autre motif d'aver- « sion pour les cheveux couleur de feu, c'est que « l'humeur qui les lubrifie exhale souvent une « odeur fétide, étrangères aux autres espèces de « cheveux... Le noir est l'expression de la force « et de la vigueur. Une figure d'athlète avec des « cheveux blonds serait presque ridicule. Ces der- « niers sont l'attribut de la faiblesse et de la mol- « lesse ; ils flottent sur la tête des figures que les « peintres ont rendues étrangères aux grandes « passions, aux choses fortes et héroïques ; ils se « trouvent sur les figures des jeunes gens, dans « les tableaux où les ris, les jeux, les grâces et la « volupté président aux sujets qui y sont expri- « més. »

« Les poils des sourcils participent à la nature des poils de l'appareil sexuel et des cheveux, ainsi qu'en a fait la remarque le célèbre auteur que nous venons de citer. Conséquemment, même réflexions pour les uns que pour les autres. Qu'ils soient nombreux, longs, rapprochés et offrant une disposition plus ou moins marquée à friser. Les blondes les ont en petite quantité, tandis que les noires, les brunes et souvent les châtaines, les offrent infiniment rapprochés.

« On a toujours regardé avec raison les yeux comme une glace où viennent se peindre naturellement nos dispositions internes, tant au physique qu'au moral. Portons donc la plus grande attention sur l'œil de la personne que nous nous proposons d'épouser. Que des paupières parfaitement fendues, aussi mobiles qu'expressives, se trouvent ornées de longs cils aussi rapprochés que bien dégagés. Prenons garde qu'une matière gluante considérable ne gêne plus ou moins leur action au sortir du lit, et surtout fuyons celles qui les offrent habituellement d'un rouge plus ou moins foncé. Une telle disposition dénote toujours des principes d'irritation, des maladies internes cachées, des affections syphilitiques ou des passions plus ou moins honteuses.

« La couleur des yeux est en général relative à celle des cheveux. Ainsi, la femme aux cheveux blonds les aura bleus, la brune les aura noirs ou bruns, etc. Conséquemment, même réflexion pour la couleur des yeux que pour celles des cheveux. Attachons toujours le plus grand prix à un œil vif, spirituel, très développé, tendre et modeste tout à la fois. Surtout gardons-nous bien de donner notre cœur à des femmes dont les yeux seraient habituellement cernés. Toujours une telle disposition, outre qu'elle offre un dégoût presque insurmontable, forme l'indice des passions violentes, de tristesse intérieure, de maladies internes, de l'habitude pernicieuse de la masturbation, ou d'autres dérèglements dans la jeune fille qui la présente.

« La grandeur de la bouche, comme personne ne l'ignore, est, en général, dans des proportions relatives avec le développement et l'activité des organes de la digestion. D'après ce, l'on sent facilement qu'il ne sied pas mal à l'homme de l'avoir grande, lui qui doit se nourrir d'une manière infiniment plus abondante que la femme. Mais celle-ci doit l'offrir aussi petite que marquée de l'incarnat de la rose. Une bouche trop vaste dénote souvent dans la femme une disposition plus ou moins grande aux excès de la table et à ceux qui s'ensuivent tout naturellement. Des lèvres pâles, ainsi que des gencives de la même couleur, et non suffisamment fermes, forment l'indice d'une santé chétive, d'une vie languissante ou de funestes habitudes.

« Autant des favoris et une barbe denses dans l'homme doivent avoir d'attrait pour la femme, autant nous devons marquer de l'éloignement pour les personnes du sexe qui offrent, sous ce rapport, une organisation semblable à la nôtre. Sans doute ces poils plus ou moins développés qui ombragent la figure de certaines femmes, qui sont l'indice d'un grand développement des parties sexuelles, peuvent bien avoir quelque attrait pour la seule volupté ; mais sachons qu'une telle organisation dans le beau sexe forme une preuve irrécusable de se livrer d'une manière excessive aux plaisirs de l'amour. Or, pouvons-nous raisonnablement espérer de trouver dans ces viragos cette fidélité qui fait le charme et le bonheur des époux ? Portez vos regards sur les filles publiques d'un certain âge : ne leur trouverez-vous pas presque à toutes de la barbe au menton ? De plus, telles femmes nous offriraient rarement cette douceur de caractère qui, avec la vertu, forme le plus bel apanage du beau sexe.

« Une figure lisse, ovale-orbiculaire, sans aucune saillie et sans aucun enfoncement remarquable, est une des principales conditions de la beauté chez la femme. Des pommettes et menton saillants, au point de laisser entrevoir des cavités fortement prononcées, seraient aussi contraires à la beauté que de grands yeux noirs lui sont favorables. Cependant tout en marquant notre aversion pour des traits fortement prononcés chez le beau sexe, sachons apprécier ceux qui ne le sont que dans un juste degré, nécessaire pour donner de l'expression à la physionomie. Pourrions-nous juger belle une personne qui ne nous offrirait qu'une magnifique figure inanimée !

« Qu'un cou parfaitement arrondi, un peu plus long que chez l'homme (sans néanmoins montrer trop de ressemblance avec celui des canes et des animaux les plus stupides), se trouve surmonté par cette magnifique figure. Qu'à peine on entrevoie au-devant de cette partie, cette saillie formée par le cartilage du larynx, connue vulgairement sous le nom de *pomme d'Adam*. Observez si certains mouvements de l'âme ne viennent point déterminer la brusque apparition de veines très volumineuses, et la saillie considérable de quelques-uns des muscles qui se trouvent abondamment répandus dans cette région : rien ne serait plus de nature à dénoter une femme colère et fougueuse.

« Tout le monde connaît les liens de l'étroite sympathie qui lie entre eux les seins et les parties sexuelles. Il n'est personne qui ignore que les agacements des uns produisent toujours des érections dans les autres. Quelle femme n'a point observé que les mamelons se gonflent aux approches des règles, et qu'ils deviennent le siège d'une douleur plus ou moins sensible dans toute affection de la matrice ou des autres parties de la génération ? D'après ce, nous devons nous croire autorisé à conclure du développement et de l'activité des organes spéciaux de la génération, par celui des seins. Oui, un sein bien développé, plein de solidité et de résistance, dénotera toujours une femme parfaitement organisée pour la reproduction de l'espèce. Prenons garde de nous en laisser imposer par certains volumes factices : sachons distinguer ce qui est réellement glande d'avec ce qui n'est que graisse. Mais, comme la pudeur et les mœurs de notre siècle s'opposent presque toujours à un tel examen de la part des épouseurs, nous devons terminer de suite ce qui a trait aux seins.

« Une poitrine étroite, des épaules et des hanches très peu développées dans une femme, sont autant de raisons qui doivent en éloigner un homme jaloux de ne procréer que de beaux enfants ; elles sont en effet les indices, la première disposition d'une imminence à la phtisie pulmonaire, et la seconde d'une plus ou moins grande difficulté à mettre au monde le fruit de la conception. Un ventre trop plat ou trop en arrière dénote peu de développement dans les organes de la digestion, et souvent dans ceux de la génération et, conséquemment, une trop faible puissance dans l'acte de la digestion et de la génération.

« On a toujours marqué une prédilection particulière pour les femmes sveltes, bien allongées, aux hanches évasées, aux cuisses fortement développées, et l'on a eu raison. Cette disposition indique en effet un grand développement dans les os qui constituent le bassin, et par conséquent plus de facilité à accoucher. On sait que la marche naturelle de la femme est celle des *canes*, pour nous servir de l'expression des accoucheurs. Or, ce mode de progression provient d'une dimension plus grande de la filière pelvienne que chez l'homme, disposition des plus favorables aux fonctions spéciales dévolues au beau sexe. Les femmes s'étudient soigneusement à corriger ce genre de marche. Pour nous qui devons toujours préférer les qualités essentielles pour procréer de la manière la plus parfaite possible, sachons toujours préférer celles qui se montreront les moins habiles à corriger la nature sous ce rapport.

« La stature n'est pas moins digne de fixer notre attention que tout autre caractère physique. Trop grande, la femme accouche difficilement ; trop petite, elle ne fait pour ainsi dire que des avortons ; prenons donc un juste milieu. Que jamais un homme n'épouse une femme qui le surpasse considérablement sous le rapport de la taille ; elle ne pourrait lui donner que des enfants fort laids : il entre évidemment dans les vues de la nature que le sexe mâle l'emporte sur la femelle sous un semblable rapport.

« L'âge auquel la femme est jugée le plus propre à la procréation est de vingt et un à quarante ans. Plus jeune, elle ne réunit pas encore le degré de force nécessaire pour engendrer vigoureusement ; plus âgée, elle touche au terme que la nature lui a assigné pour la cessation de la puissance procréatrice. Cependant, disons que c'est de vingt-deux à trente ans qu'elle montre le plus d'aptitude à procréer des enfants qui joignent la force à la beauté.

« Ne négligeons pas ce qui a trait aux divers tempéraments de la femme : elle en offre autant de sortes que l'homme, et nous avons déjà à cet égard des données suffisantes pour établir notre préférence.

« Quant aux qualités morales, nous savons qu'il n'est point de véritable beauté sans celle de l'âme, de l'esprit et du cœur, et nous allons terminer par quelques considérations sur la maigreur et l'embonpoint.

« Le tissu cellulaire, autrement dit tissu *spongieux* et trame primitive de l'organisation, c'est-à-dire cet assemblage de lames très ténues, entrecroisées entre elles en mille sens divers, de manière à former des millions de cavités communiquant toutes entre elles dans tous les points du corps ; le tissu cellulaire, dis-je, lequel entoure tous les organes de l'économie, auxquels il sert comme de duvet, et entre même dans la composition intime des parties solides par sa condensation et son animalisation plus parfaite, doit se trouver chez la femme plus abondant, plus mou, plus délicat, plus extensible, plus blanc et imbibé d'une plus grande quantité de graisse que dans l'homme. Or, comme l'élégance et la beauté des contours sont toujours une suite nécessaire de la plus ou moins grande abondance du tissu cellulaire, il s'ensuit que la femme doit surpasser infiniment l'homme, quant à la perfection et au gracieux des formes. L'on peut même dire, en thèse générale, que cette condition est la base de la beauté de la femme, et qu'elle ne devient réellement attrayante pour l'homme, qu'autant qu'elle la réunit dans de justes proportions. C'est en vain, en effet, qu'une personne du sexe offrira une stature superbe, une taille des plus sveltes et des plus mignonnes, des cuisses, des bras, des jambes et des doigts des mieux conformés : si toutes ces parties ne reçoivent de gracieux contours par une juste proportion du tissu cellulaire et un embonpoint suffisant, elle sera presque toujours sans effet sur nos âmes. Quelle merveilleuse influence, en effet, n'exerce point sur nos sens une femme qui joint la douceur et l'élégance des formes à la beauté de l'organisation du corps. Quel homme n'est point jaloux de rencontrer en elle cette physionomie ovale-orbiculaire, lisse et tendre, formant un si frappant contraste avec la rudesse des traits de l'homme ! ce cou parfaitement arrondi, sans saillie aucune, et joignant ensemble, par des nuances tout à fait insensibles, la face, les épaules, la poitrine et le tronc ! ces épaules dont l'élégante rotondité va se terminer à l'extrémité d'une main bien potelée, par une diminution complètement progressive ! ces seins hémi-sphériques, pleins de solidité, d'une blancheur éclatante, relevés encore par des boutons rosés, et dont les admirables contours vont se perdre avec un ventre gracieusement bombé, des reins, des hanches et des cuisses supérieurement contournés, lesquels, comme les épaules, promènent leurs délicieux agréments jusqu'aux extrémités des doigts !!! A Dieu ne plaise que nous conseillions aux hommes jaloux de trouver une femme capable de nous donner de beaux enfants, de recourir à la nudité pour constater l'existence de ces conditions indispensables de la beauté physique : nos mœurs et plus encore la pudeur s'opposent essentiellement à un tel examen, si révoltant pour la vertu ; mais les vêtements légers, inventés par la coquetterie des femmes, ne sont-ils pas de véritables gazes suffisamment transparentes pour laisser distinguer la nature de leur organisation, et prononcer si elles réunissent cette beauté physique, sans laquelle elles ne sauraient donner le jour à de beaux enfants ? »

Telle est l'opinion du célèbre Dr Morel de Rubempré. Offrons pour finir, et surtout à propos des qualités morales, celle d'un de nos psychologues très avertis, M. Marius Boisson ; nous donnons toutefois cette opinion pour ce qu'elle vaut :

« Des jeunes gens pris du fou désir d'unir leur vie à celle d'une femme, m'ont souvent demandé : A quoi reconnait-on une fiancée qui fera une bonne épouse ?

« Je leur répondais, pour échapper à tout ennui : « Le sar Péladan a, je crois, écrit un volume sur cette question. Je ne l'ai pas lu. Lisez-le ! »

« Mais ce n'était pas le compte de mes jeunes amis.

« Nous ne voulons pas l'opinion de M. Péladan, mais la vôtre ».

« Je leur demandai de la réflexion.

« Et maintenant, lorsqu'un jeune homme pose la délicate question, je lui réponds :

— « Voici le résultat de mon expérience. N'essayez pas de discuter mes principes : Vous n'y parviendriez pas. Acceptez-les de confiance. Voici :

— 1° Que votre fiancée n'aime pas la danse ;

— 2° Qu'elle aime les petits enfants ;

— 3° Qu'elle soit bien un peu coquette, — mais seulement pour vous ;

— 4° Qu'elle soit bonne et croyante ;

— 5° Qu'elle ait des yeux bons et qu'elle soit musicienne ;

« Si, à part tout cela, elle est affligée de quelques petits défauts, ne vous en inquiétez point ; tout le monde en a, et ce sont là faiblesses de jeunesse qui disparaîtront dans le mariage.

« Vous aurez, croyez-m'en, une épouse parfaite (1).

(1) *L'Ame sceptique*, par Marius Boisson (p. 99 et 100), 1 vol. 5 francs.

CHAPITRE VII

DES MOYENS RÉPUTÉS POUR VÉRIFIER LA CHASTETÉ

Pour connaître si une fille est chaste, ou si elle a été corrompue et a engendré.

Vous prendrez du jais ou jayet que vous réduirez en poudre impalpable, vous en ferez prendre le poids d'un écu à la fille, et si la fille a été corrompue, il lui sera du tout impossible de retenir son urine, et il faudra qu'elle pisse incontinent ; si, au contraire, elle est chaste, elle retiendra son urine plus qu'à l'ordinaire. L'ambre jaune ou blanc, dont on fait des colliers et des chapelets, produit la même épreuve, si on s'en sert avec la même préparation que du jais ou jayet : la semence de pourcelaine, la feuille de glouteron et la racine réduites en poudre, et données à boire dans un bouillon ou autre liqueur, servent fort bien à la même épreuve.

(*Petit Albert.*)

Autre pour le même sujet.

Ayez une aiguillée de fil blanc, mesurez avec

ce fil la grosseur du cou de la fille, puis vous doublerez cette mesure et vous en ferez tenir les deux bouts à la fille entre ses dents ; et vous étendrez ladite mesure pour faire passer la tête dedans, si la tête passe trop aisément, elle est corrompue ; si elle ne passe qu'à peine, assurez-vous qu'elle est pucelle.

(*Petit Albert.*)

Pour réparer le pucelage perdu.

Prenez : terre bénite de Venise, demi once ; un peu de lait provenant des feuilles d'asperges ; un quart d'once de cristal minéral infusé dans un jus de citron ou jus de prunes vertes ; un blanc d'œuf frais avec un peu de farine d'avoine ; de tout cela faites un bolus qui ait un peu de consistance, et vous le mettrez dans la nature de la fille déflorée après l'avoir seringuée avec du lait de chèvre et ointe de pommade de blanc Rasis. Vous n'aurez pas pratiqué ce secret quatre ou cinq fois, que la fille redeviendra en état de tromper la matrone qui la voudrait visiter... L'eau d'espargonte distillée avec du jus de citron étant seringuée plusieurs jours de suite dans la nature de la fille, produit le même effet, en oignant la partie avec pommade, comme il est dit ci-devant.

(*Petit Albert.*)

La manière de connaître quand une fille a perdu sa virginité.

C'est un secret qui n'est pas moins curieux que

facile et fort propre pour ceux qui appréhendent de se marier à quelque bête épaulée, ou de prendre une femme à louage. Mettez de la poudre qui se trouve entre les fleurs de lys jaune, et ensuite faites-en manger à celle que vous soupçonnez. Soyez assuré que si elle n'est pas pucelle, elle ira pisser peu de temps après. Ce secret semble être peu de chose en apparence, mais il a souvent été expérimenté avec succès.

(*Petit Albert.*)

Comment on pourra éprouver si une femme est chaste.

Nous nous sommes souvent moqués des expériences que l'on faisait avec des pierres et nous avons dû reconnaître plus tard que nous avions eu grandement tort. Voici par exemple l'expérience à faire avec la pierre d'aimant. Or, cette pierre d'aimant, a une telle vertu que si elle est posée sous la tête d'une femme endormie, si elle est chaste, elle embrassera son mari d'amoureux et doux embrassements ; mais si elle est autrement, c'est-à-dire si elle n'est pas chaste, elle sera jetée hors du lit comme poussée par une main violente. Mais puisque nous sommes arrivés inopinément à parler de cette pierre bien connue du reste par la commune renommée, il nous paraît convenable de donner encore ici la description de quelques expériences agréables et gentilles pour montrer l'efficacité de celle-ci. Lucrèce, poète fameux, estime l'aimant que les Latins appellent

Magnes, avoir pris son nom de Magnésie et les autres l'appellent Heracleum, de la cité nommée Héraclée, plusieurs encore le nomment Sideritis parce qu'il tire le fer, que les Grecs appellent Siduros, car il attire le fer avec tant de force et de vitesse que les spectateurs en demeurent émerveillés et ce qui a fait dire à Anaxagoras que l'aimant est doué d'une âme. Cette pierre donc a une telle vertu que si on compose des pièces dessus et aux quatre coins d'une maison et qu'on mette un fer au milieu, ils le tireront d'une et d'autre part, de sorte qu'il demeurera comme suspendu en l'air sans aucun soutien inférieur, et ne sera lié dessus par aucun lien visible. Voilà pourquoi Dunocrate, architecte, avait commencé à Alexandrie de voûter le temple d'Arsinoë, de façon à ce que la voûte, construite en fer, fut vue comme suspendue en l'air. Les Grecs disent aussi que dans la voûte du temple de Serapis à Alexandrie, il y a une pierre d'aimant qui tient suspendue en l'air une statue de bronze, dont la tête était en fer. Et non seulement cette pierre attire le fer, mais elle lui donne une telle force qu'une fois attiré par elle, il en peut attirer d'autres, en sorte que souvent l'on voit jusqu'à dix anneaux joints l'un à l'autre, qu'ils formeront comme une vraie chaîne, et ils seront attachés si fortement qu'on pourra à peine les détacher. Que dirai-je de plus ? si grande est la force de l'aimant, que non seulement il attire par le seul attouchement, mais même sans attouchement, car si le fer est du même poids et que cette pierre soit mise sur une table solide, vous verrez le fer qui sera posé sur elle se mouvoir et suivre l'aimant. On peut avec un aimant accomplir bien des choses intéressantes, merveilleuses même. Oh ! que de choses admirables gisent cachées dans la nature ! Une autre vertu de l'aimant, et celle-ci est très remarquable, c'est que si on en frotte une broche en fer, et que vous la mettiez sur un pivot, elle se tournera toujours vers le Midi. Par l'usage de cet instrument, on fend et on sillonne la mer immense, et il indique le chemin à suivre. Au moyen de cet instrument, nos ancêtres, observant de jour et de nuit les astres, pouvaient naviguer ; autrement, errant au milieu de la mer, ils n'eussent pu connaître les places et les contrées du monde où ils voulaient se rendre. Plusieurs disent que le fer est attiré par l'aimant, d'autant que l'aimant est de beaucoup supérieur au fer, en s'approchant surtout de l'Ourse céleste. Ou autrement, on dit que par sa pesanteur il ne peut descendre à terre et que cela lui est dénié par un autre empêchement. Il convient par conséquent qu'on soit bien attentif à ce fait, car si vous ne connaissez pas, par expérience, la vraie ligne qui s'étend depuis le vent du Midi jusqu'à l'Aquilon, d'autant plus qu'il sera éloigné de cette ligne, il penchera vers l'Orient ou vers l'Occident. Nous voyons aussi qu'au lever et au coucher du soleil, il se meut du lieu qui sera au milieu de ces deux points, qui aura été frappé des rayons solaires.

Par quoi si le fer touche la partie australe, vous le chasserez vers la partie du Midi, et au contraire si le fer touché de l'aimant, l'étoile étant à l'extrémité de la queue de l'ourse, se meut du vrai lieu sur lequel s'appuie l'axe du ciel. De là est venu ce que les écrivains ont publié, à savoir que le fer frotté de la part du Midi, repoussera celui qui se trouvera tourné vers la bise, comme si deux pierres tombaient. Comme aussi on raconte de Théamède, que Pline dit être né en Ethiopie, en une montagne non très éloignée de celle dont l'aimant a pris son nom, et cette pierre a la vertu de repousser l'air ; mais ceux qui en traitent semblent plutôt écrire des choses admirables que vraies, attendu que personne n'a fait l'expérience de ce fait. Tous aussi tiennent pour incertain pourquoi l'aimant dressant sa ligne au lever du soleil renaissant, montrera aux navigateurs le vrai du jour et des nuits et guidera leurs vaisseaux. Et pourtant cette pierre douée de tant de vertus admirables et précieuses, les perd soudain dès qu'on la frotte d'ail. Aussi si les marins ont mangé de l'ail, ils ne pourront observer leur route en mer, car on dit qu'ils seront enivrés. C'est par hasard que nous avons trouvé un procédé pour séparer le sablon blanc du noir, mais peut-être cette expérience a-t-elle déjà été faite par les anciens que comme l'aimant attire le fer, le sablon l'huile et toute chose. C'est ainsi que souvent nous retrouvons à nouveau ce que les anciens avaient déjà depuis longtemps trouvé, mais qui s'était perdu au cours des âges.

La manière de connaître si une fille est chaste, ou si elle a été souillée par des embrassements ou si vraiment elle a fait des enfants.

L'antiquité nous a donné bien des indications

à ce sujet, mais depuis lors, nous avons appris d'autres expériences faciles à faire et parfois merveilleuses ce que nous avons écrit en tête de ce chapitre. Que ceux donc qui sont alléchés par le désir de connaître ces choses et ont soif de savoir tout cela, apprennent ici la règle à suivre.

Qu'on prenne de la racine du jayet et qu'on la pile très menu dans un mortier, puis qu'on la passe par un tamis, pour la réduire en une poudre très fine ; puis faites-la boire dans de l'eau ou du vin à la femme, et s'il lui prend incontinent envie de pisser, et qu'elle ne peut retenir son urine, c'est signe d'une vierge corrompue et donne témoignage de sa défloration ou dépucelage ; mais si elle ne s'est pas encore livrée à l'homme ou si elle n'a pas fait d'enfant, cela la retiendra et lui donnera une grande force de retenue. Et l'ambre blanc opère de la même façon, car s'il est réduit en poudre et bu à jeun, il coule aux entrailles; si la fille a été souillée, elle sera immédiatement obligée de pisser. Nous pouvons encore faire cette expérience en prenant des parfums.

Prenez de la semence de pourcelaine ou des feuilles de glycine, et mettez-les sur de la braise ardente. Faites que la fumée en passe sous la fille et arrive, par un entonnoir ou un autre instrument percé, dans sa vulve ; si elle est déflorée, elle pissera aussitôt et ne pourra retenir son urine. Mais si elle est chaste et qu'elle n'a jamais encore coïté, elle recevra ce parfum dans sa vulve sans aucun dommage et ne pissera pas, ce qui prouvera qu'elle est toujours pucelle. Si quelqu'un, par manière de passe-temps, voulait que la fille ou la femme non seulement pissât, mais qu'elle jetât et répandît sa semence, il ferait ainsi : il scierait du bois d'aloès et le ferait brûler ; il en ferait passer la fumée par la vulve et aussitôt la semence en sortirait avec abondance, chose vraiment assez plaisante.

(PORTA, *Magie Naturelle.*)

Digression fort curieuse sur les signes de la virginité.

La présence de la membrane hymen est-elle un signe certain et infaillible de la virginité chez la femme ?

D'après les lois de Moïse, auquel nous ne pouvons refuser de grandes connaissances en médecine, et celle de plusieurs législateurs éclairés, toute mariée qui ne *rougissait* pas la couche nuptiale était considérée comme déflorée, et digne de la répudiation.

Le savant physiologiste Haller assure que l'hymen existe toujours chez les personnes qui n'ont point encore usé du commerce sexuel, et appuie son opinion de l'autorité de près de cent anatomistes, qui ont écrit sur cette membrane, depuis le XVe jusqu'au XVIIIe siècle : *Ego quidem in omnibus virginibus reperi*, etc. Ce prince des physiologistes, pour nous servir de l'expression de l'un de ses dignes émules, ne doute nullement que la nature n'ait créé ce voile que pour attester de la sagesse ou de la corruption des femmes, servir de preuve de l'honneur d'une fille sage, et faire connaître au mari la conduite antérieure de son épouse : « *Vix dubites ad morales fines homini* « *esse concessum signum pudicitœ, quo te vitium* « *puellarum cognoscatur, et pura virgo decus* « *suum posit tueri, et ipse maritus de castitate* « *sponsœ facile convincatur.* »

Gavard s'exprime en ces termes sur l'existence de la membrane hymen, ainsi que sur les conséquences qui peuvent en découler :

« Dans les recherches que j'ai faites là-dessus, « tant dans l'hospice de la Salpêtrière que dans « la salle de dissection de Dessault et ailleurs, « j'ai constamment trouvé l'hymen dans les fœ- « tus et dans les enfants nouveau-nés ; je l'ai « constamment trouvé dans les filles trop jeunes « pour être déflorées ; je l'ai trouvé sur plusieurs « d'un âge plus avancé, et notamment sur deux, « dont une était âgée de vingt-trois ans, et l'autre « de vingt-cinq ans. Appelé ponr sonder une fille « de cinquante ans, qui est morte d'un ulcère à « la vessie, je pus m'assurer qu'elle avait con- « servé cette membrane très intacte ; une autre, « âgée de cinquante-quatre ans, à laquelle je don- « nais des soins, conjointement avec le professeur « Dubois, était dans le même cas. Plusieurs au- « tres ont trouvé l'hymen sur des filles bien plus « âgées encore, d'où je conclus qu'il existe cons- « tamment tant qu'il n'a pas été déchiré. »

Le savant naturaliste Cuvier a trouvé l'hymen,

non seulement sur les femmes vierges, mais encore sur les femelles de beaucoup de mammifères qui n'avaient point encore souffert les approches du mâle.

L'auteur du meilleur traité que nous possédions sur la médecine légale, Fodéré, qui se livra à de nombreuses recherches sur cette membrane, nous assure l'avoir toujours trouvé chez les vierges, à l'exception de deux cas où il la chercha en vain sur deux petites filles de quelques mois. « La membrane hymen peut, dit-il, être considérée comme le signe spécial de la virginité physique. »

Nous-mêmes, nous eûmes occasion d'observer dans toute sa perfection cette membrane idolâtrée de l'homme, non seulement sur un grand nombre de jeunes filles, mais encore sur plusieurs demoiselles depuis longtemps nubiles, auxquelles nous prodiguâmes nos soins pour des affections qui ouvraient à nos regards un libre accès vers la région sacrée. Je me rappelle entre autres une jeune personne de dix-huit ans, qui vint me consulter pour une affection vénérienne à la vulve, contractée par simple contact, sans aucune introduction : la membrane, semi-lunaire, était parfaitement intacte.

Il semblerait, d'après ces observations et une foule d'autres dont nous pourrions surcharger notre ouvrage, que la présence et l'intégrité de l'hymen constitue un signe infaillible de la virginité chez la femme. Mais que de circonstances peuvent mettre le jugement en défaut, et prouver qu'une femme peut fort bien offrir ce prétendu cachet de son innocence, quoiqu'elle ait souffert des milliers de fois les approches du sexe mâle !

1° Le clitoris, comme l'on sait, étant le siège spécial de la volupté chez la femme, la jouissance la plus complète peut résulter de la simple titillation de cet organe. Le point qu'il occupe parmi les parties sexuelles externes, le rend accessible à l'action titillante du membre viril, sans que l'hymen, situé en arrière, puisse en ressentir la moindre atteinte ; donc la femme peut recevoir les caresses de l'homme sur ce seul organe, et offrir encore la membrane dans toute son intégrité.

2° Certains hommes, ainsi que j'ai eu maintes fois occasion de l'observer dans les nombreux traitements pour maladies vénériennes, offrent le membre viril d'une exiguïté telle qu'il puisse facilement pénétrer dans le vagin, sans nullement déchirer l'hymen, qui comme nous l'avons dit précédemment, ne ferme l'entrée de ce canal que d'une manière incomplète.

3° La grande abondance de fluide qui arrose les organes génitaux pendant le temps de l'écoulement des règles, tient ces parties dans une espèce de macération qui les relâche, les assouplit, les rend extensibles, agrandit l'ouverture vaginale, et permet ainsi à la membrane hymen de se porter contre les parois du vagin, sans se rompre par l'introduction du membre viril. Donc une femme peut fort bien choisir cette époque pour se livrer à son amant, et offrir encore dans toute son intégrité, cette membrane chérie à son époux. Mêmes réflexions pour les flueurs blanches.

4° Chez certaines femmes, la membrane hymen

jouit d'une densité et d'une force d'élasticité telle qu'elle ne puisse être rompue par les plus grands efforts. Fabrice d'Aquapendente parle d'une fille que les élèves de toute une pension ne purent parvenir à déflorer, tant l'hymen offrait de dureté. Ambroise Paré trouva cette membrane d'une solidité qui approchait de celle de l'os. Gavard, comme il me l'est aussi arrivé, traita d'une affection vénérienne une fille de seize ans, qui l'avait contractée dans une maison publique, et qui offrait encore ce signe de la virginité.

Personne, enfin, ne peut contester que les femmes puissent concevoir et parvenir jusqu'au terme de la grossesse, sans que la membrane hymen ait offert aucune atteinte, ainsi que Mariceau, Ruisch, Meckel, Walter, Baudeloque, etc., en rapportent plusieurs exemples.

« A Paris, dit Fabrice, sur le pont au Change, « un orfèvre avait épousé une jeune et honnête « fille, avec laquelle, quoi qu'il l'eût approchée « plusieurs fois, il n'avait jamais pu consommer « à son gré le mariage, parce qu'elle ne pouvait « le recevoir qu'en témoignant beaucoup de peine « et de douleur. Le mari, se voyant empêché, et « ne voulant pas contraindre davantage son « épouse, forma la demande en cassation de ma-« riage, nonobstant *qu'elle témoignât qu'elle « était enceinte*. Plusieurs chirurgiens habiles « ayant été chargés de la visiter, de reconnaître la « nature de l'obstacle, trouvèrent une membrane « dure et calleuse devant le col de la matrice (les « anciens prenaient le vagin pour le col de la « matrice), et cependant percée de divers petits

« trous. Ils incisèrent cette membrane, et ils réus-
« sirent si bien, que le mari, content de ne point
« trouver d'obstacle, ne songea plus à la dissolu-
« tion du mariage. Son épouse, six mois après
« l'opération, *mit au monde un enfant mâle à*
« *terme et vigoureux*. Remarquez que la concep-
« tion eut lieu malgré la présence de l'hymen, et
« ce n'est pas le seul exemple de cette nature. »

D'après tout ce que nous venons d'exposer sur la membrane hymen, ne pouvons-nous pas répéter, après le célèbre Buffon, que *rien n'est plus incertain que les prétendus signes de la virginité du corps, que rien n'est plus chimérique que les préjugés des hommes à cet égard ?*

L'absence de la membrane hymen est-elle une preuve infaillible que la femme s'est livrée à l'acte vénérien ?

Nous croyons devoir répondre à cette question par la négative. Telles sont les raisons sur lesquelles nous basons notre opinion :

1° L'hymen est d'une existence si peu constante, que plusieurs auteurs célèbres ont cru devoir le regarder comme un être chimérique. Il est probable, cependant que ces auteurs n'avaient observé que des personnes âgées, qu'ils se complaisaient à regarder comme vierges, et qu'ils avaient peu dirigé leurs recherches vers la conformation sexuelle du jeune âge ; car il est constant que cette membrane existe chez le plus grand nombre des enfants naissants. Mais un fait incontestable, c'est que la majeure partie des plus chauds partisans de l'opinion contraire à la nôtre conviennent qu'elle n'existe point chez toutes les femmes. Fodéré lui-même, qui paraît attacher tant d'importance aux signes fournis par la présence ou l'absence de ce repli, avoue l'avoir cherché en vain sur deux petites filles de trois mois.

Il est donc patent que, puisque certaines filles peuvent naître sans l'hymen, il serait plus que ridicule de conclure que toutes celles qui en sont privées se sont livrées à l'acte reproducteur. Voyez, en faveur de notre opinion, le grand Vésale, ainsi que notre illustre disciple, Gabriel Fallope ; Behn, dont Haller, qui ne partage point son opinion sur le point qui nous occupe, nous fait connaître l'amour du vrai et la sévérité dans le jugement par ce peu de mots : *Veri amans et in judiciis severior ;* Dionis, le plus savant et le plus habile chirurgien de son temps ; l'éloquent naturaliste comte de Buffon ; Mahon, si connu par son excellent *Traité de médecine légale ;* le célèbre Orfila, etc., etc. Ce dernier dit formellement que *l'absence de membrane hymen ne saurait être regardée comme une preuve de défloration. (Leçons de médecine légale,* t. 1er, p. 90.)

2° Certaines matrones, ignorant quelle est souvent la délicatesse de cette membrane chez les nouveaux-nés, peuvent l'avoir détruit en essuyant les parties sexuelles d'une main lourde et pesante.

3° Des coups, des chutes, des sauts, des courses à cheval en cavalier, le trop grand écartement des cuisses, certains attouchements indiscrets, la masturbation, l'introduction dans le vagin de corps qui simulent le membre viril, le sang de la première éruption des règles, les écoulements blancs, les descentes de matrice et de vagin, des tumeurs polypeuses des mêmes parties, des ulcères et une maladie vénérienne héréditaire, ou gagnée par d'autres voies que par le coït, et une foule d'autres causes peuvent également l'avoir détruite.

4° Enfin, les *caroncules myrtiformes*, regardées communément comme les débris de l'hymen, peuvent exister chez la fille naissante, à la place de cette membrane, ainsi que le rapportent les observations de Tolleberg, Belloc, etc.

« Dans ce dernier cas, dit Fodéré, les caroncules « sont arrondies et sans cicatrices, tandis que « celles qui sont l'effet du déchirement de la « membrane sont plus ou moins pointues ou en « pyramide, avec des bords irréguliers. »

En admettant avec ce savant médecin, que les caroncules myrtiformes offrent réellement ces derniers caractères chez une personne déflorée, on devra nécessairement convenir qu'ils ne sauraient être de quelque valeur que peu de temps après la défloration. Ne sait-on pas, en effet, que la nature tend à donner des formes arrondies à toutes les parties vivantes, surtout quand elles sont en contact permanent avec d'autres organes agissants ? De plus, ce déchirement ne pouvait-il pas être le résultat d'une des causes que nous venons d'énumérer pour l'hymen ?

On a cherché des preuves de virginité ou de défloration dans la présence ou l'absence des caroncules myrtiformes, dans le cas où elles remplaceraient naturellement et originellement l'hymen, ou qu'elles succéderaient à son déchirement. Elles sont très prononcées, a-t-on dit, chez les vierges, tandis qu'elles diminuent de grosseur et finissent par disparaître chez les personnes qui font un fréquent usage du coït. Nous répondrons, pour démontrer la futilité de pareils indices : 1° que la femme a pu ne recevoir les caresses de l'homme que sur le clitoris, n'admettre qu'une verge fort petite, ou n'accorder ses faveurs que pendant ou immédiatement après l'écoulement menstruel ; 2° que, comme le dit Orfila, *on ne les a pas vues chez plusieurs filles qui venaient de naître, et chez lesquelles il n'y avait point de membrane à l'entrée du vagin ;* 3° qu'elles peuvent disparaître par les seuls progrès naturels du vagin et du reste de l'appareil génital ; 4° enfin, qu'elles ont pu se trouver détruites par l'une des nombreuses causes accidentelles que nous avons fait connaître pour l'hymen.

(Dr. Morel de Rubempré).

CHAPITRE VIII

DES SOPORIFIQUES. — DES SONGES SURPRIS

Pour faire que de son gré, une femme raconte en dormant ce qu'elle aura fait.

Il semble, quant à la pratique de ce fait, que Démocrite ait été de mon opinion et estime que ceci a mieux opéré chez les femmes que chez les hommes, vu qu'elles sont plus babillardes et ont plus de caquet. Or, vous ferez donc ainsi : en une nuit où la femme sera éprise d'un profond sommeil, vous prendrez des langues de racines de marets et aussi, si bon vous semble, d'un canard sauvage et d'un crapaud, parce que ces animaux crient la nuit, et vous les mettrez sur sa poitrine, dans la partie où le cœur palpite. Vous les laisserez séjourner là quelque temps et vous poserez alors toutes sortes de questions à cette femme, les répétant même à plusieurs reprises, si elle ne vous répondait pas aussitôt. Finalement sa voix trahira le secret de son cœur et à toutes vos interrogations, elle donnera des réponses exactes et vraies. D'aucuns croient que cela se fait en vertu de quelques charmes, vu que, toute superstition rejetée, cette pratique opère avec tant d'efficacité. Dieu immortel ! d'où vient que cela réussisse si bien, qu'en songe la femme raconte librement ce qu'en veillant nous tâchons en vain de tirer d'elle ? Comment comprend-on que cela puisse se faire ? Et cependant, en s'approchant tout bellement d'elle, elle parlera gracieusement. Usez du moyen, quand vous en aurez besoin.

(*Porta.*)

Pour faire voir aux filles et aux veuves, pendant la nuit, le mari qu'elles doivent épouser.

Il faut qu'elles aient une petite branche d'un arbre que l'on appelle peuplier, qu'elles la lient d'un ruban de fil blanc avec leurs bas de chausses, et après l'avoir mis sous le chevet du lit où elles doivent dormir la nuit, elles se frotteront les tempes avec un peu de sang d'un oiseau appelé huppe, et diront en se couchant l'oraison suivante à l'intention de ce qu'elles veulent savoir.

ORAISON

Kyrios clementissime, qui Abraham servo tuo dedisti uxorem Saram, et filio ejus obedientissimo per admirabile signum indicasti Rebeccam uxorem; indica mihi ancillæ tuæ quem sim nuptura virum, per ministérium tuorum spirituum Balideth, Assaibi, Abumalith, Amen.

Il faut le matin suivant, lorsqu'on s'éveille, se remettre en esprit ce que l'on aura eu en songe durant la nuit, et si en dormant on n'a vu aucune apparence d'homme, on doit continuer pendant la nuit de trois vendredis de suite, et si la fille n'a point la représentation d'homme durant les trois nuits, elle peut croire qu'elle ne sera point mariée. Les veuves peuvent faire cette expérience, aussi bien que les filles, avec cette différence, qu'au lieu que les filles se couchent du côté du chevet, les veuves se doivent coucher du côté du pied du lit en y transportant le chevet.

(Petit Albert).

Pour les garçons et hommes veufs qui voudront voir en songe les femmes qu'ils épouseront.

Il faut qu'ils aient du corail pulvérisé, de la poudre d'aimant qu'ils délaieront ensemble avec du sang d'un pigeon blanc ; ils feront un petit morceau de pâte qu'ils renfermeront dans une large figue, et après l'avoir enveloppée dans un morceau de taffetas bleu, ils la pendront à leur cou et mettront sous le drap, à leur chevet, une branche de myrte, et diront, en se couchant, l'oraison ci-dessus marquée en changeant seulement ces mots *ancillœ tuœ quem sim nuptura virum* en ceux-ci qui leur conviennent : *servo tuo quam nupturus sim uxorem.*

(Petit Albert).

Pour délivrer de toute vision nocturne.

Balbinus affirme que pour délivrer quelqu'un de

toute vision nocturne ou songe fâcheux pendant la nuit, il suffit de jeter du pourpier commun sur le lit où il doit se coucher.

(*Le Livre Rouge.*)

Pour avoir des songes vrais et qui tiennent lieu de révélation sur les affaires dont on est en peine de savoir quel en sera l'événement.

Mettez dans une espèce de bandeau le pentacule du samedi, ou quelque autre fait sous les auspices de Saturne, ajoutez-y de la verveine, et vous appliquerez ce bandeau sur votre front et le lierez modérément avec les attaches ; ensuite vous mettrez une petite branche de laurier sous le chevet du lit où vous devez dormir et en vous couchant vous direz l'oraison suivante aux intentions que vous aurez au sujet des révélations.

Salomon est auteur de cette oraison qu'on a traduite du texte hébreu en latin.

ORAISON

Deus Deorum, Domine temporis, magister Intelligentiarum, semen profunditatis, autor artifex animarum, Balivatis hominum, dono tibi spiritum meum et volo ut missum nisi ab influentia tuâ capiam monitum, suppliciter rogans te, pater luminis, suprema divinitas, ut hac nocte illumines me et mihi communices radium cognitionum tuarum, mediantibus illis spiritibus quos in nostrum ministerium deputasti, Mayon, Capiel, Machaton. Amen (1).

(1) *Clavicules de Salomon.* (H. Daragon, éditeur). 1 vol. 5 francs.

Moyen par lequel on pourra provoquer le sommeil.

Faites distiller par l'alambic du jus de pavot dit opium et des têtes d'oignons dans un vase de verre et mêlez cela avec les autres médicaments et compositions et donnez-en à celui que vous voudrez faire dormir autant qu'il en pourra contenir dans la coque d'une noix, car ce breuvage avalé remplira la tête de vapeurs, de sorte qu'elle la disposera au sommeil. L'eau de mandragore, tirée d'un bain d'eau bouillante, produira le même résultat, et celui qui en boira ne sera pas incommodé par sa mauvaise odeur. On compose encore un médicament plus efficace avec les drogues suivantes. On prend du jus de pavot et un poids égal de noix mételle et de la semence de jusquiame noire, on fait dissoudre le tout dans du jus de laitue ; on verse ensuite dans un vase qu'on enfouit dans du fumier et on l'y laisse reposer quelque peu, après quoi on le passe dans un alambic pour le distiller. Lorsqu'il commencera à bouillir, ôtez-en l'eau et gardez le marc, puis séchez-le avec des cendres chaudes ; ensuite, pour le réduire en une poudre bien menue, passez-le par un crible délié. Faites de cette cendre une forte lessive et faites que toute la vapeur chaude qui est en elle s'évapore, puis mêlez-y votre première eau et donnez-la en viande ou en breuvage non pas en même quantité mais en moindre quantité qu'on ne la présente à personne, s'il n'y a nécessité ou contrainte. Ou autrement encore qu'on mêle de l'eau de mandragore, du jus de pavot et de la semence de pavot avec un ail ou autres drogues qui portent à la tête, et il suffira d'en prendre la grosseur d'une fève seulement.

(*Porta.*)

Pour faire une pomme endormante.

Cela se fait de la manière suivante. On prend du jus de pavot, de mandragore, de ciguë, de la semence de jusquiame et de la lie de vin, et on y ajoute un peu de musc, pour en rendre l'odeur plus agréable. Puis, formez-en des pelotes aussi grosses que vous pouvez en empoigner dans la main. En flairant souvent cette pomme ou en l'allumant, elle provoquera le sommeil. Mais ceux qui s'efforcent de faire cela à de certaines heures, travaillent en vain, car il ne faut pas oublier que les températures des hommes sont diverses. Cependant pour amoindrir la force et la vertu de ces médicaments, il vous suffira de frotter les tempes et le nez et les génitoires avec du sel dissous ou distillé dans du vinaigre, afin que par leurs efforts ils chassent le sommeil et réveillent l'homme endormi. (*Porta.*)

Pour donner des songes heureux.

Les songes heureux peuvent se donner de diverses façons : par des images, par des signes, par des paroles ou incantations, comme aussi par des préparations telles que l'opium et la graine de

Chenevière, mêlés en certaine proportion, soit quatre onces de chênevis pour une demi-once d'opium solide, auquel mélange vous ajouterez un grain de musc et verserez le tout dans une demi-pinte de vin vieux. Il suffit quelque fois de manger avant de se mettre au lit une pomme de rainette cueillie le jour de Saint-Jean au lever de la lune. (*Le Livre Rouge*) (1).

Pour avoir en songe la femme que l'on désire.

La même préparation fait avoir en songe la femme que vous désirez et lui donne le même songe que vous avez eu, au point qu'elle se souvient de ce que vous lui avez dit, de ce que vous lui avez fait et de ce qu'elle vous a répondu pendant votre sommeil, et cela se peut pratiquer à la distance de plus de cinquante lieues ; mais pour réussir complètement il faut savoir les paroles de l'incantation et les prononcer à propos, il faut connaître aussi les signes voulus et intentions nécessaires, toutes choses qui ne se peuvent mettre par écrit mais se doivent enseigner d'une personne à une autre, à cause de la subtilité et intention secrète qui en font toute la puissance.

(*Le Livre Rouge.*)

Pour faire peur à quelqu'un durant son sommeil.

Si vous voulez faire peur à quelqu'un qui dor-

(1) 1 vol. 5 francs.

mira, mettez sur son lit la peau d'un singe, il aura des visions affreuses et sera intimidé pendant plusieurs jours.

(*Le Livre Rouge*) (1).

Des médicaments endormants.

Les médicaments endormants sont tenus en grande estime, car c'est souvent chose utile de soulager par le sommeil les douleurs de certains malades. Il en est qui ne savent d'autre moyen pour faire dormir profondément que de charger l'estomac de viande et de vin. Nous allons, nous, en faveur des hommes sensés, traiter de certaines expériences, de celles qui nous semblent se rapprocher le plus près de la vérité, afin qu'ils apprennent eux-mêmes à les connaître et à les composer. Premièrement, il faut considérer les choses qui provoquent le sommeil, comme le pavot, la jusquiame, la noix mételle, la mandragore et autres drogues semblables ; si par leur mauvaise odeur elles déplaisent, il y faut mêler du sturase, du musc et autres odeurs et mêler le tout ensemble. Si vous voulez donner à manger cette composition, faites-la épaisse, et si vous désirez la présenter à boire, faites-la liquide et claire.

(*Porta.*)

(1) *Le Livre Rouge* d'Hortensius Flamel. — 1 vol. 5 francs.

CHAPITRE IX

DES APHRODISIAQUES

Si quelqu'un désire se montrer vigoureux dans les plaisirs du lit, qu'il se nourrisse principalement de bulbes d'échalottes, car ces plantes chatouillent fort et excitent le désir vénérien. De tout quoi Martial a parlé et aussi Columelle dans son jardinet.

Vienne à ce coup génitale semence
Du bulbe chaud que Mégare produit ;
Que chatouillant le mâle en véhémence,
Arme la vierge au naturel déduit.

Prenez en bonne quantité de la roquette, des pois chiches, des oignons, des carottes, de l'anis, du coriandre, des noyaux de pomme de pin, l'homme qui prendra cela sera rendu dispos à l'acte vénérien ; mais entre tout autre chose, le satyrion émeut fortement la semence ou le sperme et résiste longtemps aux plaisirs de la couche, et quant aux femmes, cette plante les excite et les chatouille fort et les pousse à l'embrassement. Les orties ont également la vertu d'exciter l'appétit vénérien. Et semblablement si nous pouvons nous procurer cette herbe, qui vient de l'Inde et dont Théophraste a parlé, ceux qui en useraient sentiraient que, non seulement en la mangeant, mais en en touchant les parties génitales, la vertu et le désir de l'acte sexuel croîtra étrangement, à telles enseignes qu'ils pourront pour ainsi dire coïter aussi souvent qu'il leur plaira. Et encore le même auteur raconte que certain personnage, ayant usé par douze fois de cette herbe, fut si animé qu'il exécuta l'acte vénérien sept fois de suite, et avec une telle vigueur que le sperme lui découlait goutte à goutte comme du sang. Donc si vous voulez exciter en vous le désir de luxure, vous emploierez le moyen indiqué ci-dessus, et encore le suivant. Prenez des racines de satyrion et des noyaux de pommes de pin, de l'anis et de la roquette, — poids égal de l'un et de l'autre, — ajoutez-y la moitié de ces petits animaux qui croissent au Nil et qu'on appelle Scinci et un peu de musc. Faites confire cela dans du miel purifié et écumé.

Encore conviendra-t-il de renforcer cette composition de cerveaux de passereaux, de roquette sauvage, de langues d'oiseaux et d'autres ingrédients semblables. Mais si quelqu'un veut exciter la femme et la faire jouir, qu'il arrose le gland de la verge de musc et de civette de castoreum, ainsi appelée parce que c'est un jus qui se trouve dans la verge du castor, puis de cubèbe et d'huile de Ben, ou de l'une de ces deux dernières substances seulement : cela chatouillera amplement ceux qui s'adonneront au plaisir de la luxure. Mais l'homme et la femme se délecteront merveilleusement s'ils prennent l'un et l'autre du poivre long de pyrèthre et de galaxa, le tout bien broyé et pris dans du miel.

*
* *

« On entend, en matière médicale, par aphrodisiaque (mot grec qui signifie *déesse de la volupté*), tout agent hygiénique ou pharmaceutique susceptible d'opérer dans les organes génitaux un degré de force ou d'excitation insolite propre à donner aux sexes le désir et la faculté de répéter un plus grand nombre de fois que d'habitude l'acte qui a pour but la propagation de l'espèce. Il n'est que trop commun... de voir des hommes parvenus à peine au printemps de leur existence, devenir tout à fait inaptes aux plaisirs sexuels, et conséquemment impropres à la propagation de l'espèce. Chez eux, le membre viril n'est plus susceptible d'érections, ou il n'en éprouve que de très faibles et de la plus courte durée. La semence s'échappe quelquefois goutte à goutte par le canal de l'urèthre sous l'influence de la moindre excitation. D'autres fois l'éjaculation a lieu dès l'introduction du pénis et prive ainsi les deux sexes des sensations, unique objet des désirs de la plupart des êtres qui travaillent à la reproduction. Dans ce cas, la liqueur spermatique est claire, nullement consistante, et presque toujours impropre à la fécondation.

« Ce fâcheux état, qui est désigné par la plupart des médecins sous le nom d'*anaphrodisie*, peut se manifester sous l'influence d'un grand nombre de causes, telles que jeûnes prolongés, usage continuel de mauvais aliments et nullement nourrissants ; veilles trop longtemps prolongées ; travaux pénibles du corps ; étude ardente des sciences abstraites ; vie contemplative ; chagrins profonds ; affections chroniques du cerveau, de la moelle vertébrale, des viscères pectoraux, abdominaux, etc. ; abstinence trop longtemps prolongée des plaisirs de l'amour ; attouchements fréquents des parties sexuelles, surtout avant l'époque de la puberté, onanisme et excès dans les plaisirs sexuels, principalement avant que le corps ait acquis les forces nécessaires pour pouvoir soutenir impunément les pertes séminales ; hémorragies excessives ; saignées trop copieuses et trop abondantes, etc.

« On voit que les cas qui peuvent réclamer l'emploi des médicaments aphrodisiaques sont fort nombreux, et que l'anaphrodisie (*absence d'amour, de plaisir*, manque de vigueur génitale) exige un traitement absolument différent selon les causes qui ont pu la déterminer. On doit toujours, pour ce cas grave, consulter un médecin prudent et exercé dans le traitement de ces sortes d'affections. Dans une foule de circonstances, il m'est arrivé de donner aux organes sexuels toute l'énergie qu'ils avaient perdue, soit par des écarts de régime, soit par des maladies débilitantes, soit enfin par la présence du virus vénérien dans l'économie ; d'une part en combattant et détruisant la cause déterminante ou occasionnelle, de l'autre en faisant faire l'emploi de la *liqueur toni-pectoro-gé-*

nitale, qui est le plus puissant et le plus salutaire aphrodisiaque dont l'homme puisse faire usage, jouissant de la triple propriété de fortifier l'estomac, tout le reste de l'économie et surtout l'appareil sexuel. Cette liqueur, administrée à contretemps, pouvant déterminer un excès d'exaltation dangereuse pour les mœurs, soit qu'on se l'administre à soi-même, soit qu'on la fasse prendre à d'autres personnes pour des desseins secrets, nous n'avons osé prendre sur notre responsabilité d'en donner ici la formule, dans la pensée qu'il pourrait se rencontrer des personnes capables d'en faire les abus les plus condamnables. Ce n'est que dans des cas imminents de débilité excessive et de maladie réelle que j'en donne la formule, et ce, d'après une consultation personnelle, bien assuré alors de rendre un service réel, sans exposer personne aux inconvénients d'une puissance de stimulation génitale si active et si énergique. D'ailleurs, je craindrais de m'attirer les reproches de mes confrères, des honnêtes gens et de ma conscience, en publiant la formule d'un agent dont tant de personnes pourraient faire un usage immoral à l'égard du sexe, dont la pudeur et la sévérité des principes forment souvent le désespoir des hommes qui cherchent à le faire tomber dans leurs pièges.

« J'avoue même que j'aurais voulu pouvoir me dispenser de traiter la question si épineuse des *aphrodisiaques*. Il en est de ces médicaments comme des *emménagogues*, ou moyens propres à ramener les règles, lesquels peuvent devenir des armes infiniment dangereuses entre les mains de l'inexpérience, de la jeunesse ou de l'immoralité. La prudence nous fait souvent un devoir de cacher les découvertes les plus excellentes par elles-mêmes. Mais comme j'ai toujours pensé qu'il était du devoir de tout homme de l'art, honnête, de ne jamais manquer de faire servir le fruit de ses travaux au bien-être de ses semblables, ce sera toujours avec un véritable plaisir que je m'empresserai d'en fournir la formule en latin, avec les signes employés seulement en pharmaceutique pour être ensuite préparée chez le premier pharmacien habile venu, à quiconque viendra me consulter, en personne ou par lettre, sur les moyens de remédier efficacement à un véritable état d'*anaphrodisie* (*faiblesse ou impuissance en amour*).

« Cependant, pour rendre notre ouvrage aussi complet que possible, et procurer aux personnes très éloignées de la capitale et forcées de recourir sans aucun retard aux moyens de stimulation et de corroboration du système génital, nous allons exposer un certain nombre de formules d'agents de ce genre, dont on ne pourra manquer de ressentir les effets les plus bienfaisants dans tous les cas de débilité générale reconnaissant pour cause les circonstances affaiblissantes. Encore, pour nous mettre à l'abri de tout reproche, ne ferons-nous connaître que celles qui figurent dans le Codex et dans les ouvrages d'auteurs placés entre les mains de quiconque s'adonne à l'étude des sciences pharmaceutiques.

DIABLOTINS STIMULANTS

Gingembre	1 gros
Safran d'Orient	4 gros
Musc	2 gros
Ambre gris	8 grains
Girofle	2 gros
Mastic en larmes	6 gros

« Réduisez le tout en poudre fine, et mêlez-le parfaitement à deux livres de sucre blanc pulvérisé, pour en faire une pâte que vous diviserez en pastilles de 15 grains.

« *Dose :* On prendra 8, 10, 12 ou 13 pastilles, et plus par jour, selon l'effet qu'on en ressentira.

PASTILLES DE GINSENG

Vanille en poudre....................	1 once
Ginseng pulvérisé	5 gros
Huile volatile de cannelle............	50 gouttes
Essence d'ambre gris	10 gouttes
Sucre blanc en poudre fine............	10 onces

« Mucilage de gomme adragante, quantité suffisante pour en obtenir une pâte que vous diviserez en pastilles de 24 grains .

« *Dose :* 5, 6, 8, 10, 12 pastilles par jour, et même plus, selon l'effet qu'on en ressentira.

FOMENTATION STIMULANTE

Sommités	fleuries de romarin........	1/2 once
	de sauge	1/2 once
	d'hysope	1 once
	de lavande	1 once
	d'origan	2 onces
Vin rouge	....	2 livres

« Faites macérer les plantes dans le vin pendant cinq à six jours ; passez avec expression. On en fait des fomentations pour les parties sexuelles, à l'effet d'en dissiper l'atonie.

(Dr MOREL DE RUBEMPRÉ.)

CHAPITRE X

DES PHILTRES

« Voici, d'après les meilleurs alchimistes du moyen âge, les recettes de quelques philtres amoureux, que nous avons puisées dans les œuvres des écrivains les plus renommés en la matière. Nous leur conservons leur caractère ancien, persuadé que la chose ne déplaira pas à nos lecteurs.

« *Pour se faire aimer*, dit Pierre Mora, on prendra un cœur de colombe, un foie de passereau, la matrice d'une hirondelle, un rognon de lièvre. On les réduira en poudre impalpable, et la personne qui composera le philtre ajoutera partie égale de son sang séché et pulvérisé de même. Et si on fait avaler deux ou trois fois la dose d'une drachme de cette poudre à la personne qu'on veut induire en amour, on verra un merveilleux succès. »

Le *Livre des secrets de Magie* nous dit aussi :

« Procurez-vous un crapaud bien en vie, en le ramassant un vendredi avant le lever du soleil, et à l'heure de Vénus. Attachez-le tout vif dans votre cheminée, en le liant par les deux pattes de derrière. Quand le crapaud sera bien desséché, vous le mettrez en un mortier et le réduirez en poudre que vous placerez dans une feuille de parchemin et irez mettre sous un autel durant trois jours. Vous l'irez retirer le troisième jour à la même heure que vous l'aurez posé.

« Vous aurez ensuite autant de filles ou de femmes que vous voudrez, si vous répandez quelques grains de cette poudre sur une fleur que vous leur donnerez ensuite à sentir... »

« Autre procédé, extrait du même ouvrage :

« Vous vous arracherez trois poils de l'aisselle gauche et trois poils de l'aine, vous les ferez brûler sur une plaque portée au rouge vif. Ceci fait, vous recueillerez les cendres, les placerez au creux d'un morceau de pain, et, sitôt que celle à qui vous l'aurez donné aura mangé le pain, soyez persuadé que jamais elle ne vous quittera. »

« *Pour mettre de l'amour entre deux personnes*, dit Picatrix, il faut faire deux images, l'une de Vénus, dans le signe du Scorpion, et l'autre de la Lune, dans le signe du Taureau. Joignez ces images de façon qu'elles s'embrassent, puis ensevelisssez-les toutes deux en terre, dans le lieu où sera l'une des personnes. Elles s'aimeront constamment. »

« On peut encore, *pour se faire aimer*, cueillir à minuit l'herbe des neuf chemises, ou concordia, en disant :

« Herbe des neuf chemises, je te cueille au
« nom de Scheva, afin que tu me confères l'amour
« de... »

« On s'arrangera de façon à ce que la personne dont on désire l'amour porte cette herbe sur elle, sans qu'elle s'en aperçoive. Bientôt le philtre opérera, et l'amour le plus ardent naîtra dans son cœur.

« *Pour faire disparaître l'amour,* se procurer la chemise de celui ou celle qu'on ne veut plus aimer et faire passer de l'urine de bouc dans cette chemise, en l'introduisant par l'encolure et en la faisant sortir par la manche gauche, de façon à ce que le liquide ne mouille pas le linge.

« Nos sorciers connaissent aussi le moyen de *garantir les époux des méfaits du cocuage.* En voici, d'après eux, la recette infaillible :

« Prenez le bout du membre génital d'un loup, le poil de ses yeux, celui qui est à la queue en forme de barbe, réduisez tout cela en poudre par calcination et le faites avaler à la femme (ou à l'homme) sans qu'elle (ou il) le sache. Elle (ou il) sera fidèle.

« La moelle de l'épine du dos d'un loup a le même effet.

« On peut encore, pour se distraire et connaître les perfections physiques de celui ou celle qu'on aime, avoir recours au procédé suivant :

« Faire sécher, à l'ombre, puis pulvériser, un bouquet de trois feuilles de noyer, trois tiges de marjolaine, trois plants de myrte et trois pousses de verveine.

« Renfermer dans une boîte neuve en argent la poudre ainsi obtenue, et en saupoudrer les vêtements de la personne sur laquelle on a des vues : celle-ci se dépouillera aussitôt de tous ses vêtements et apparaîtra dans le primitif costume de nos premiers parents, Adam et Eve (1).

***

« Pour consoler les humains des maléfices qui engendrent le mal, les esprits bienfaisants ont donné à l'homme des recettes précieuses qui font naître la joie. C'est le cas des *Philtres*, qui sont des breuvages ou drogues dont l'effet prétendu est de donner l'amour. Les anciens, qui en connaissaient l'usage, invoquaient, dans la confection des philtres, les divinités infernales. Il y entrait différents animaux, herbes ou matières, tels que le poisson appelé *remore*, certains os de grenouilles, la pierre *astroïte*, et surtout *l'hippomane*, qui est le plus recherché de tous : C'est un morceau de chair noirâtre et de forme ronde, de la grosseur d'une figue sèche, que le poulain porte quelquefois sur le front en naissant. Suivant les livres de secrets magiques, ce mystérieux morceau de chair fait naître une passion ardente quand, étant mis en poudre, il est pris avec le sang de celui qui veut se faire aimer. Jean-Baptiste Porta détaille tout au long les surprenantes propriétés de l'hippomane, et il est véritablement fâcheux qu'on n'ait jamais pu le trouver tel qu'il le décrit, ni au front du poulain naissant ni en aucun autre endroit !... Delrio, qui place les philtres au rang des maléfices, ajoute qu'on s'est aussi servi pour

(1) *Le Livre pratique de la Magie noire*, par le mage Rhâdenys, 1 vol. 4 francs.

les composer de rognures d'ongles, de limailles de métaux, de reptiles, d'intestins de poissons et d'oiseaux, et qu'on y a mêlé quelquefois des fragments d'ornements sacerdotaux empruntés aux églises les plus voisines.

« Les philtres, qui s'expliquent, comme les poisons, par la pharmacie, sont en très grand nombre et plus curieux les uns que les autres. Les anciens les connaissaient autant que nous, et, chez eux, on rejetait sur les charmes magiques les causes d'une passion violente, un amour disproportionné, le rapprochement de deux cœurs entre qui la fortune avait mis une barrière, ou que les parents ne voulaient pas unir.

« On a également donné le nom de philtres à certains toniques qui enflamment les intestins, causent la démence ou la mort et inspirent une ardeur qu'on a prise pour de l'amour. Telles sont les mouches *cantharides* avalées dans un breuvage, dont *Charlot le Grêlé*, dit le « Beau Léon », l'un de nos plus vaillants Don-Juans modernes, disait à qui voulait l'entendre — au grand désespoir de son vieux domestique « Lacocose », jaloux de ses exploits d'alcôve chaque jour renouvelés, — qu'elles décuplaient l'ardeur charnelle et faisaient de l'homme un véritable Vésuve !...

« Moins heureux que le beau Léon, un Lyonnais, voulant se faire aimer de sa femme qui le repoussait, lui fit avaler quatre de ces insectes pulvérisés dans un verre de vin du Rhône : Il s'attendait à un succès, mais il fut veuf le lendemain !...

« Rien n'est plus curieux, dit un contemporain,

que la superstition qui, en Ecosse, préside aux moyens employés pour faire naître l'amour ou vaincre la résistance de l'objet aimé. Sir John Colquhoun avait épousé depuis peu de mois lady Lilia Graham, fille aînée de Jean, quatrième comte de Montrose, lorsque lady Catherine, sa belle-sœur, vint passer quelque temps chez lui. Bientôt, il en devint follement épris, et, pour vaincre l'indifférence qu'elle lui témoignait, il eut recours à un nécromancien habile, qui composa un bouquet formé de diamants, de rubis et de saphirs montés en or, et le doua de la propriété de livrer à la personne qui le donnait le corps et l'âme de celle qui le recevait. Il paraît que Sir John fit un usage immédiat de ce talisman. Les chroniques de cette époque disent qu'il partit avec lady Catherine pour Londres, après qu'il eût criminellement abandonné son épouse, et qu'il fut obligé d'y rester caché pour échapper à la sentence de mort qui avait été prononcée contre lui dans sa patrie.

« Mais, néanmoins, on comprend très bien l'effet sur une femme mondaine et vaniteuse d'un philtre composé de riches diamants. La « *Meg des Megs* », veuve mignonne autant que fatale, ne raffola-t-elle pas de ce philtre tentateur au point d'en devenir immortelle dans les annales érotico-tragiques !!! (1). »

(1) Extrait du *Véritable Trésor des Sciences Magiques*, par Alphonse Gallais, Paris. — 1 vol. 5 francs.

*
* *

« Parlons, maintenant, de l'*Envoûtement d'Amour*.

« Il y a deux sortes d'*Envoûtement d'Amour* : celui qui arrête l'amour et celui qui le provoque.

« Le premier s'appelle « nouement de l'aiguillette ».

« L'on noue l'aiguillette de onze façons :

1° Par certaines herbes (narcisse, nénuphar, etc.) qui refroidissent et rendent sans chaleur ;

2° En séparant les corps de peur qu'ils ne s'accouplent ;

3° Si la *nature* est inerte ;

4° En aliénant la volonté de l'une des parties pour la transporter ailleurs ;

5° En estoupant les conduits de la semence de peur qu'elle ne découle au vaisseau propre à engendrer ;

6° En empêchant l'élancement des esprits permettant de se remuer ;

7° En persuadant à l'un que l'autre est difforme et mal accompli ;

8° En assaillant et saisissant le corps du mari ou de la femme, et perturbant les mouvements de leurs esprits ;

9° En fermant la *nature* (ce qui constitue l'une des marques ou griffes du Diable), ou en la rendant trop large, ou en resserrant et ôtant à l'homme sa génialité ;

10° En inspirant un invincible dégoût au mari

et à la femme quand ils en viennent aux embrassements ;

11° Lorsque le Diable enchâsse l'homme avec la femme de telle façon qu'ils se trouvent liés et pris comme avec de la glu, et si puissamment qu'à peine on pourrait les disjoindre.

« Je ne m'occuperai pas du nouement de l'aiguillette. Je parlerai, seulement, de l'envoûtement d'amour proprement dit.

« *Comment se faire aimer de quelqu'un ?*

« L'Envoûtement d'Amour ! Se faire aimer, aimer éternellement de telle personne... La rendre esclave, posséder exclusivement sa pensée, son esprit, son cœur, la tenir enchaînée, la voir obéir au moindre désir, l'entendre demander pardon pour des fautes non commises... En vérité, la Pierre Philosophale, la Quadrature du Cercle, le Mouvement perpétuel, le Métal plus léger que l'air, la Génération spontanée, L'Homuncule, le Désarmement universel apparaissent problèmes faciles à côté de l'Envoûtement d'Amour : l'on dompte plus aisément la matière et le mouvement que M. Jacques ou mademoiselle Antoinette, vérité de la Palisse !

« ...Nous ne nous attarderons pas non plus aux « Philtres d'amour ! » L'on en rencontrera des formules dans Pline le Jeune, dans Ovide, dans Apulée, dans tous les grimoires, l'on y verra que tous, à peu près, contiennent de la verveine.

« Contentons-nous de proclamer l'ineptie de ces formules, et que le meilleur philtre (et le meilleur ne vaut pas grand'chose) consiste à se frotter simplement de cette verveine.

« En voici un, cependant, qui nous a été signalé comme irrésistible ! Laver longuement les mains et les bras de manière à enlever toutes traces de crème ou de poudre et bien ouvrir les pores de la peau, frotter, toujours dans le même sens, de la mixture suivante qu'exécutera tout pharmacien :

Essence de girofle	20 grammes
Essence de géranium	10 grammes
Alcool à 95°	200 grammes

« Il ne faut s'en frotter que les bras et les mains parce que, voulant plaire, il convient de ne s'occuper que des parties du corps servant, instinctivement, le geste d'attirance. La Magie explique la vertu du Geste, et comment, seul, il suffit souvent. A plus forte raison, stimulé par ce philtre.

« Un philtre d'amour est une drogue dont l'émanation — plus ou moins agréable — doit, d'abord, pénétrer la peau, ensuite, en ressortir ; c'est une drogue qui agit sur le sixième sens, le sens génésiaque, parce que dans cette opération l'émanation artificielle devient naturelle, émanation de la bête, émanation de la peau. Une chemise trempée de sueur rendra un homme amoureux de sa propriétaire, un mouchoir de dentelle humecté des plus suaves extraits ne servira à rien.

« ... Il faudrait, pour parler convenablement de l'Envoûtement d'Amour, réfléchir sur le sens de certains mots courants. Que d'expressions nous émettons sans en saisir la valeur, sans en comprendre la portée !

« Avez-vous déjà médité sur le sens de « charme, charmeuse, charmant » ?

« Lorsque vous dites : « Cette femme est une charmeuse », vous affirmez qu'elle accomplit œuvre de magie, qu'elle se sert du « charme ».

« N'est-ce point un peu parce que le propre de la Femme est de charmer qu'on la surnomme « la grande sorcière ? » Oh ! je connais l'origine qu'on donne généralement de ce qualificatif, et comment la Femme, prêtresse pendant les premiers siècles du Christianisme, devint, par la suite, un objet de défiance pour beaucoup.

« Ce ne sera, si vous voulez, qu'une indication. Nous étudions l'Envoûtement d'Amour, nous en recherchons le fonctionnement : il peut, il doit être intéressant d'examiner comment opère la Femme qui, certainement, a envoûté, envoûte et envoûtera d'Amour. Ne vous arrêtez pas à la fraîcheur d'un sourire, à la douceur de la voix, à la tendresse d'un regard ; remarquez, plutôt, leurs effets, leur but, leur enchaînement, fouillez la psychologie des femmes : elle font de la Magie comme M. Jourdain de la prose, sans le savoir.

« Alors, imitez-les, en tâchant de comprendre.

« Un Envoûtement d'Amour (on nomme ainsi l'histoire d'un amour, d'une passion) se divise en trois périodes : l'Incubat, l'Envoûtement proprement dit, et le Vampirisme. Chaque amoureux subit ces trois crises.

« Aucun auteur n'a dénoncé ce fait. Pourquoi ? j'ignore, mais j'affirme que ce triple état fait partie de l'enseignement de tout Centre sérieux.

« L'on prête une autre signification au mot « Incubat » : on l'oppose à « Succubat », et, alors, « Incubat » signifie le commerce charnel qu'entrétiennent des êtres de l'Invisible — principalement les Démons — avec les hommes, cependant que « Succubat » se rapporte à celui qu'ils entretiennent avec les femmes.

« Nous négligerons cette signification et ne verrons dans l'Incubat que le commencement d'une maladie bien connue, l'Amour. Dans l'Envoûtement nous verrons la maladie elle-même, et dans le Vampirisme sa fin.

Incubat. — Deux cas se présentent : vous voulez être aimé ; vous voudriez ne pas aimer.

Envoûtement. — Toujours deux cas : Vous êtes aimé ; vous aimez.

Vampirisme. — Le Triomphe ou la perte : vous n'aimez plus, l'on ne vous aime plus, ou c'est la folie, et nous verrons qu'ici encore il importe de comprendre « aimer à la folie, avoir une araignée dans le plafond ».

« Idylle, roman, passion, amourette, éternel recommencement de l'Incubat, de l'Envoûtement et du Vampirisme ! Lui ou elle hésite, balance entre l'égoïsme, le devoir, la peur de la jalousie, du malheur, et le charme, la confiance, le mystère, il essaye d'étouffer le germe qu'il couve, finalement il succombe à la grande Loi d'Attraction qui régente l'Univers, qui réunit les atômes en molécules, le Soufre et le Mercure des Alchimistes en corps pondérables, qui féconde les plantes, qui met le Bien et le Mal, le Positif et le Négatif en présence, qui joint les Extrêmes, ferme le cycle où tout s'agite, qui rapproche les ennemis...

« Il succombe, en réalité, *à la Passion et à ses Larves.*

« *Et c'est là l'unique mécanisme de l'Envoûtement : savoir manier les larves.*

« ... Imitez la femme qui envoûte instinctivement, voyez comme elle engendre la Passion. Elle veut si continuellement, si fermement que son Désir équivaut au Verbe, qu'il crée la larve de la Passion.

« Car, chacune de nos passions, chacun de nos sentiments est une maladie due à un microbe, à une larve. Apprenez à manier ces larves, ces principes vitaux qui flottent par l'Espace, inconscients, à la recherche d'une forme, d'un moule qui les objectivera.

« Dans un troupeau d'oies (j'ai cité déjà cette expérience) choisissez la plus saine, faites-la au besoin examiner par un vétérinaire ; puis, battez-la, excitez-la, elle devient enragée, véritablement enragée, sa bave contient le microbe de la rage, elle l'a créé en offrant à une larve un moule.

« De même, vous créerez le microbe de telle Passion.

« Au reste, cette théorie microbienne pour l'Amour... les lectrices ne vont-elles pas m'accuser d'un peu trop de matérialisme ?

« Et pourtant... Vous voulez être aimé ? Objectivez la larve chez la personne dont vous souhaiter l'amour. Vous voudriez ne pas aimer ? chassez les larves qu'on vous expédie, déchirez-les à coups de pointe, ne leur offrez pas le moule attendu.

« Vous aimez, vous êtes aimé ? Soignez-vous, ne laissez point le microbe poursuivre ses ravages.

« Traversez-vous la troisième période, le *vampirisme* ? La larve a-t-elle réussi à s'installer en maîtresse ? (« l'araignée dans le plafond ») vous ronge-t-elle, vous « possède-t-elle » ? Attention ! gare à la folie ! Vous aimez à la folie...

« ... Admettez que certains occultistes parlent sagement en affirmant que larves et microbes n'interviennent point en Amour, que, seuls, parmi les Etres de l'Invisible, Elémentals et Démons, plus ou moins déguisés, plus ou moins parés de nos formes et vêtements, s'emparent de notre cœur.

« Eh bien ! luttez avec ces Etres au lieu de lutter avec les larves.

« ... L'Envoûtement, je le répète, n'est que l'art de diriger certaines larves ou certains Etres, en un mot, le Personnel de l'Invisible.

« Il se complique de la grande Loi d'Attraction et de Répulsion qui régente tout et tous, et dont la principale application en l'espèce peut s'énoncer : « Se faire désirer ». *Se faire désirer, c'est entretenir, accroître le Désir, l'amener à créer la larve voulue.* Voilà le mystère percé. »

(*Le Livre de la Veine*) (1).

(1) *Le Livre de la Veine*, par René Schwaeblé, H. Daragon, éditeur. — 2 fr. 50.

CHAPITRE XI

DES ENCRES SYMPATHIQUES ET DES CORRESPONDANCES SECRÈTES

Cette partie de notre traité, nous la dédions aux jeunes amoureux persécutés par la tante ou la duègne sévères, ou le classique tuteur, réfractaires aux choses de l'amour. Ils y trouveront en effet plusieurs moyens de correspondre au nez et à la barbe de ces barbares barbus, — ceci dit pour les duègnes, qui sont généralement aussi moustachues que les tuteurs.

Qu'est-ce qu'une encre sympathique ?

Une encre invisible pour qui ne connaît pas le secret qui la révèle. Une lettre *lisible*, cela cause parfois certains ravages, cela fait crier, cela produit le scandale... Mais un morceau de papier blanc ! Quel symbole : — il est vierge, *lui aussi*.

Suivent quelques recettes d'encres sympathiques empruntées à divers auteurs, le vieux Porta en tête.

Pour faire que les lettres blanchissent sur un papier, ou sur un autre exemplaire noir.

Il y a encore un autre moyen de faire connaître sa pensée d'une manière occulte. Prenez le jaune et aussi le blanc d'un œuf, mêlez-les bien fort, de sorte qu'ils deviennent liquides comme l'encre avec laquelle on écrit. Après cela, écrivez les lettres que bon vous semblera, et lorsque cette écriture sera séchée, que le papier soit barbouillé de toutes parts de couleur noire ; lorsque vous voudrez que les lettres écrites apparaissent, vous les découvrirez au moyen d'un fer large et d'un couteau, et déchirerez ainsi le voile qui les recouvre.

(*Porta.*)

Pour lire des lettres qui ne se peuvent lire qu'en les interposant au-devant de la lumière.

Voici la manière d'écrire dans ce cas : vous écrivez d'une couleur qui ait corps et soit blanche, comme la céruse mêlée avec de la gomme liquide ; ou si bon vous semble d'écrire avec une autre couleur, que le papier corresponde à cette couleur, et qu'il n'y ait pas la moindre différence entre les deux. Et alors une telle écriture posée entre la lumière de l'astre éclairant la nuit ou celle de la chandelle, ne permettra que les rayons oculaires la puissent pénétrer, mais les lettres apparaîtront un peu obscures. (*Porta.*) (1).

(1) 1 vol. 15 francs.

Pour faire que les lettres cachées soient vues, et que celles qui sont visibles soient cachées.

Vous obtiendrez ce résultat si vous écrivez sur du papier déjà écrit, avec une liqueur distillée de vitriol ou couperose, mêlée d'eau ardente, et lorsque les lettres commenceront à se dessécher, elles s'imprimeront très lisiblement. Après, vous prendrez de la paille brûlée que vous broyerez avec du vinaigre, et ce que vous voudrez écrire, vous l'écrirez entre les lignes de la première écriture. Cela fait, vous ferez cuire des noix de galle dans du vin blanc, et avec une éponge, vous la mouillerez légèrement ; par ce moyen, la couleur noire de la première écriture visible disparaîtra et les lettres cachées, au contraire, apparaîtront et seront lisibles.

Encre qui ne dure que vingt-quatre heures.

Prenez de l'eau-forte faite de salpêtre et de couperose, mettez-y deux parties de noix de galle en poudre fine et une partie de couperose, bouchez bien la fiole. La liqueur étant devenue noire, écrivez avec. En vingt-quatre heures l'écriture s'évanouira complètement.

(*Le Problème du Mal.*) (1)

(1) Ou *Sorcellerie Pratique*. Ouv. déjà cité. H. Daragon, éditeur. — 1 vol. 3 fr. 50.

Pour écrire sur le verre.

Formez un crayon avec de la craie d'Espagne et du vitriol de Chypre, servez-vous-en pour écrire sur une glace ou un morceau de verre, et effacez l'écriture avec un linge : lorsque vous voudrez la faire paraître, il suffira de haleter sur cette glace. Cette écriture paraîtra et disparaîtra ainsi à plusieurs reprises.

(*Le Problème du Mal.*)

Encres sympathiques.

Rouge. Esprit de nitre noyé dans huit ou dix fois autant d'eau. — *Jaune.* Mettez tremper pendant huit à dix jours des fleurs de souci dans du bon vinaigre blanc distillé, passez la liqueur et mettez-la dans une bouteille bien bouchée. — *Violette.* Exprimez du jus de citron, mettez en bouteille. — *Verte.* Faites dissoudre dans une petite quantité suffisante d'eau de rivière du sel de tartre bien blanc et le plus sec que l'on peut se procurer, et mettez en bouteille.

Tout ce que l'on aura écrit ou dessiné sur du papier ou de la toile, ou de la soie, avec ces différentes encres prendra la couleur désignée lorsque l'on aura passé sur l'écriture ou le dessin la liqueur de violette, de pensée, ou de reine-marguerite. Pour faire cette liqueur, on prend une suffisante quantité de ces fleurs, on les pile dans un mortier en y versant de l'eau ; on en exprime le jus en les passant à travers un linge, et on la conserve en bouteille.

(*Le Problème du Mal.*)

Secret merveilleux pour faire le cadran ou boussole sympathique, par lequel on pourra écrire à un ami éloigné, lui faire connaître notre intention, en même temps ou un moment après qu'on l'aura écrit.

Faites deux boîtes de fin acier (semblables aux boîtes ordinaires de boussole de mer), qui soient d'un même poids, grandeur et figure, avec un bord assez grand pour y mettre tout à l'entour toutes les lettres alphabétiques, qu'il y ait un pivot au fond pour y poser une aiguille, comme à un cadran commun ; il faut prendre garde que vos boîtes soient bien polies et bien nettes, puis chercher entre plusieurs pierres d'aimant fin et bon, une qui ait du côté qui tend au Midi des veines blanches, et celle que vous trouverez la plus longue et la plus droite, vous la ferez scier en deux parties, les plus justes que vous pourrez, pour en faire deux aiguilles pour vos deux boîtes ; il faut qu'elles soient d'une même épaisseur et d'un même poids avec un petit trou pour les poser sur le pivot en équilibre. Cela ainsi préparé, vous donnerez une de ces boîtes à votre ami avec qui vous voulez lier correspondance et lui marquerez une heure de quelque jour de la semaine, même une heure de chaque jour si on le souhaite et davantage si l'on veut ; mais cela semblerait un peu ennuyeux, car il faut, lorsqu'on veut parler l'un à l'autre, être dans son cabinet un quart d'heure ou une demi-heure, une heure même avant celle que vous aurez assignée à votre ami, et aussitôt poser votre aiguille sur le pivot de la boîte et le regarder pendant ce temps ; il faut qu'il y ait une croix, ou quelque autre marque, au commencement de l'alphabet, afin de voir, quand l'aiguille sera sur cette marque, que vous avez intention l'un et l'autre de parler, car il faut qu'elle se tourne d'elle-même, après que l'ami qui sera éloigné l'aura mise toujours avant que de commencer sur cette marque ; ainsi l'ami, pour faire connaître son intention à l'autre, tournera son aiguille sur une lettre, et en même temps l'autre se tournera d'elle-même sur la lettre semblable, par le rapport qu'elles ont ensemble. Quand vous ferez réponse, il faut faire la même chose et, lorsque l'on aura achevé, on remettra l'aiguille sur la même marque. Notez qu'après avoir parlé, il faut bien avoir soin de serrer la boîte et l'aiguille séparément en du coton, dans une boîte de bois et les garder surtout de la rouille.

(Petit Albert.)

Pour achever ce chapitre, donnons un curieux moyen, moyen cité par Sirius dans son *Langage des Fleurs* (1), de faire parvenir les billets d'amour par l'office d'un bouquet.

(1) 1 vol. 3 fr. 50.

« Il est une méthode fort simple, évitant toute complication, pour correspondre secrètement avec la personne que l'on aime, — qui dans ce cas doit être prévenue de l'emploi du stratagème que nous allons indiquer.

« On coupe une tige de saule, sur laquelle on fait deux incisions circulaires, à cinq ou six centimètres l'une de l'autre, en ayant soin de ne trancher que l'écorce. — Avec le manche du canif, on bat ensuite légèrement l'écorce, entre les deux incisions, pendant quelques minutes, en appuyant la tige sur la paume de la main ou sur le genou.

« L'écorce peut alors se détacher facilement du bois, en agissant avec quelque précaution.

« On coupe le bois à l'une des incisions seulement, et en le tirant lentement, tout en essayant de faire tourner l'écorce sur elle-même, on parvient à la détacher sans l'endommager.

« Cette simple préparation va constituer un petit étui dans lequel on pourra aisément renfermer un billet.

« Pour cela, on amincit suffisamment la partie de bois dépouillée d'écorce, pour qu'elle puisse reprendre sa place à l'intérieur du tube lorsqu'elle aura reçu le billet soigneusement enroulé. On observera toutefois, qu'à la base, le bois ne doit pas être aminci, afin que l'écorce s'y adapte bien exactement.

« Lorsqu'on a roulé le billet autour du bois aminci et dont l'extrémité doit avoir été taillée en pointe, on replace le tube d'écorce qui enveloppe le billet comme un manchon, après avoir eu soin de l'écourter d'environ un demi-centimètre.

« Dans un trou qui aura été pratiqué avec la pointe du canif au centre de l'autre partie de la branche, on insère l'extrémité en pointe de la tige qui dépasse l'écorce et on rejoint le tout le plus exactement possible.

« La tige de saule ainsi reconstituée se place au centre de la queue du bouquet, où la destinataire prévenue saura bien la trouver.

« Et le billet d'amour parviendra à destination, en dépit des mamans et des maris qui ne connaissent pas à fond les petits mystères du langage des fleurs. »

CHAPITRE XII

POUR FAIRE NAITRE ET ENTRETENIR L'AMOUR

De l'amour réciproque de l'homme et de la femme

Comme il n'y a rien de plus naturel à l'homme que d'aimer et de se faire aimer, je commencerai l'ouverture de mon petit trésor par les secrets qui conduisent à cette fin, et sans m'animer à invoquer Vénus et Cupidon, qui sont les deux divinités dominantes sur cette noble passion de l'homme, je dirai que dame nature, qui fait toutes choses pour l'homme, produit tous les jours grand nombre de créatures qui lui deviennent favorables dans les succès de ses amours. L'on trouve assez souvent au front du poulain et de la cavale un morceau de chair, qui est d'un merveilleux usage en fait d'amour ; car si l'on peut avoir ce morceau de chair, que les anciens ont appelé *Hippomanes*, on le fera sécher dans un pot de terre neuf vernissé dans un four, quand le pain en est tiré, et en le portant sur soi, et le faisant toucher à la personne dont on voudra être aimé, on réussira : si l'on peut avoir la commodité d'en faire avaler seulement la grosseur de deux pois, dans quelque liqueur, confiture ou ragoût, l'effet sera encore infaillible. Et comme le vendredi est le jour consacré à Vénus, qui préside aux mystères d'amour, il sera bon de faire l'expérience ce jour-là. Voyez ce que dit le célèbre Jean-Baptiste Porta, des surprenantes propriétés de l'Hippomanes pour causer l'amour.

(*Petit Albert*).

Autre pour l'amour.

Tirez de votre sang un vendredi du printemps, mettez-le sécher au four dans un petit pot, avec deux couillons d'un lièvre, et le foie d'une colombe ; réduisez le tout en poudre fine, et en faites avaler à la personne sur qui vous aurez quelque dessein, environ la quantité d'une demi-dragme, et si l'effet ne suit pas à la première fois, réitérez jusqu'à trois fois, et vous serez aimé.

(*Albert*).

Autre pour l'amour.

Vivez chastement au moins cinq ou six jours, et le septième, qui sera le vendredi (si faire se peut), mangez et buvez des aliments de nature chaude qui vous excitent à l'amour, et quand vous vous sentirez dans cet état, tâchez d'avoir une conversation familière avec l'objet de votre passion, et faites en sorte qu'elle vous puisse regarder fixement, et vous elle, seulement l'espace d'un *Ave Maria*, car les rayons visuels se rencontrant mutuellement seront de si puissants véhicules de l'amour, qu'ils pénétreront jusqu'au cœur, et la plus grande fierté et la plus grande insensibilité ne pourront leur résister. Il est assez difficile de réduire une fille qui a de la pudeur à regarder fixement un jeune homme durant quelque espace de temps, mais on la pourra obliger à cela en lui disant en badinant qu'on a appris un secret de deviner, par les yeux, si l'on doit être bientôt marié, si l'on vivra longtemps, si l'on sera heureux dans son mariage, ou quelque autre chose semblable qui flatte la curiosité de la femme, et qui la fasse résoudre à regarder fixement.

(*Albert*).

Autre pour l'amour.

Ayez une bague d'or, garnie d'un petit diamant, qui n'ait point été portée depuis qu'elle est sortie des mains de l'ouvrier ; enveloppez-la d'un petit morceau d'étoffe de soie, et la portez durant neuf jours et neuf nuits, entre chemise et chair à l'opposition de votre cœur. Le neuvième jour, avant soleil, levez-vous, gravez avec un poinçon neuf, en dedans la bague, ce mot : *Scheva*. Puis tâchez, par quelque moyen, d'avoir trois cheveux de la personne dont vous voulez être aimé, et vous les accouplerez avec trois des vôtres, en disant :

« O corps ! puisses-tu m'aimer et que ton dessein « réussisse aussi ardemment que le mien, par « la vertu efficace de *Scheva.* » Il faudra lier ses cheveux en lacs d'amour, en sorte que la bague soit à peu près enlacée dans le milieu des lacs, et, l'ayant enveloppée dans l'étoffe de soie, vous la porterez de rechef sur votre cœur autres six jours, et le septième jour vous dégagerez la bague des lacs d'amour, et ferez en sorte de la faire recevoir à la personne aimée ; toute cette opération se doit faire avant le soleil levé et à jeun.

(*Albert*).

Autre pour l'amour.

Pour ne rien dire qui choque la bienséance, je ne copierai point ici ce que j'ai lu, dans un très habile médecin, touchant la vertu non pareille du sperme ou semence humaine pour induire à l'amour, d'autant que l'expérience ne s'en peut faire sans violenter la nature qui nous fournit assez d'autres moyens. Ayez donc plutôt recours à l'herbe que l'on nomme *Enula campana.*

Il faut la cueillir à jeun la veille de la Saint-Jean, au mois de juin, avant soleil levé, la faire sécher, réduire en poudre avec de l'ambre gris, et, l'ayant portée durant neuf jours sur votre cœur, vous tâcherez d'en faire avaler à la personne dont vous désirez d'être aimé et l'effet suivra. Le cœur d'hirondelle, de colombe, de passereau mêlés avec le propre sang de la personne qui veut se faire aimer ont le même effet.

(*Albert*).

Autre pour l'amour.

Il y a le secret que l'on appelle chez les sages cabalistes, pommes d'amour, et il se pratique en cette manière : vous irez un vendredi matin, avant soleil levé, dans un verger fruitier et cueillerez sur un arbre la plus belle pomme que vous pourrez ; puis vous écrirez avec votre sang, sur un petit morceau de papier blanc, votre nom et surnom, et, en une autre ligne suivante, le nom et surnom de la personne dont vous voulez être aimé, et vous tâcherez d'avoir trois de ses cheveux, que vous joindrez avec trois des vôtres, qui vous serviront à lier le petit billet que vous aurez écrit avec un autre sur lequel il n'y aura que le mot de Scheva, aussi écrit de votre sang ; puis vous fendrez la pomme en deux, vous en ôterez les pépins, et, en leur place, vous y mettrez vos billets liés des cheveux, et, avec deux petites brochettes pointues de branche de myrte vert, vous rejoindrez proprement les deux moitiés de pomme et la ferez bien sécher au four, en sorte qu'elle devienne dure et sans humidité, comme des pommes sèches de carême ; vous l'envelopperez ensuite dans des feuilles de laurier et de myrte, et tâcherez de la mettre sous le chevet du lit où couche la personne aimée, sans qu'elle s'en aperçoive, et, en peu de temps, elle vous donnera des marques de son amour.

(*Petit Albert*) (1).

(1) 1 volume 3 fr. 50.

Autre pour l'amour.

Il ne suffit pas à l'homme de se faire aimer de la femme, passagèrement et pour une fois seulement, il faut que cela continue et que l'amour soit indissoluble ; et, par ainsi, il a besoin d'avoir des secrets pour engager la femme à ne point changer ou diminuer son amour. Vous prendrez donc, à ce sujet, la moelle que vous trouverez dans le pied gauche d'un bœuf, vous en ferez une espèce de pommade avec de l'ambre gris et de la poudre de Chypre, vous porterez sur vous cette pommade, et vous la ferez flairer de temps en temps à la femme, qui vous aimera de plus en plus.

(*Albert*).

Autre pour l'amour.

Comme il se pourrait faire que la femme se dégoûterait de l'homme, s'il n'était robuste dans l'action de Vénus, il doit se précautionner non seulement par les bons aliments, mais encore par des secrets que les anciens et modernes rechercheurs des merveilles de la nature ont éprouvés. Il faut, disent-ils, composer un baume de la cendre du stellion, d'huile de millepertuis et de civette, et en oindre le grand doigt du pied gauche et les reins, une heure avant que d'entrer au combat, et l'on en sortira avec honneur et satisfaction de sa partie.

(*Albert*).

Autre pour l'amour.

La pommade composée d'oing de jeune bouc avec de l'ambre gris et de la civette, produit le même effet, si on en frotte le gland du membre viril, car cela produit un chatouillement qui donne un merveilleux plaisir à la femme dans l'action du coït.

(*Albert*).

Autre pour l'amour.

Si le mari trouve que sa femme soit de complexion froide, et ne se plaise au déduit, qu'il lui fasse manger les couillons d'oie et le ventre de lièvre, assaisonnés de fines épices et, de temps en temps, des salades où il y ait beaucoup de roquette, de satirion et de céleri avec vinaigre rosat.

(*Petit Albert*).

Secret d'amour : Pour mettre l'amour entre deux personnes, faites deux images : que l'ascendant soit à la première face de l'Ecrevisse, que Vénus soit en icelle, que la Lune soit dans la première face du Taureau et dans la douzième maison ; et joignez ces images de façon qu'elles s'embrassent, puis vous les ensevelirez toutes deux en terre, dans le lieu où sera l'une des personnes, et elles s'aimeront constamment.

(*Livre de la Veine*).

Pour l'amour.

Prenez du trèfle à quatre feuilles, mettez-le dans l'eau bénite, faites une prière dessus, faites-le sentir à la personne dont vous voulez être aimé, et dites trois *Pater* et trois *Ave*.

(*Livre de la Veine*) (1).

(1) 1 vol. 2 fr. 50.

CHAPITRE XIII

POUR VAINCRE LA CONCUPISCENCE

Les auteurs des vieux grimoires étaient, il faut en convenir, les hommes les mieux intentionnés de la terre. S'ils nous livrent tel secret dangereux, auprès du poison ils ont toujours soin de placer l'antidote : et s'ils offrent mainte recette pour amener l'amour, ils s'entendent aussi à vaincre la concupiscence.

Certaines mères prudentes, — nous entendons les mères d'actrices ou de demi-mondaines, — sèment de camphre la couche de leur progéniture, ou bien traîtreusement mettent du nénuphar dans leur café. Cela pour leur éviter de *faire des bêtises !* Ce que ces excellentes truies démoniaques appellent « faire des bêtises », c'est aimer pour un autre motif que celui de l'argent. Beaucoup plus compliqués sont les moyens employés par nos vieux sorciers ; qu'on en juge.

Pour rafraîchir le désir de Luxure.

Vous arriverez à ce résultat de la façon suivante : mangez de la rue et du camphre, car cela détruit l'état qui fait lever la verge, tellement qu'un homme en pourrait devenir comme châtré. L'*agnus castus*, de la même façon, réprime et éteint l'appétit vénérien, et soit qu'on se couche sur les rameaux de celui-ci ou qu'on en boive en infusion, ou qu'on en mange, il dessèche la semence. Les matrones anciennes, dans les sacrifices des Egyptiens appelés *Thermophoria*, se façonnaient des couches de ces rameaux, sur lesquelles elles dormaient. La laitue ôte aussi la force du sperme chez ceux qui usent abondamment de cette plante. Callimacohus a laissé par écrit qu'Adonis ayant mangé une laitue, fut tué par un sanglier et qu'il fut enterré par Vénus sous une laitue parce qu'à la vertu d'une telle plante, au dire d'Athenœus, Vénus devient langoureuse et les hommes deviennent impuissants. Le ventre du lièvre profite bien à la conception, si la femme en mange ou le met sur son ventre ; mais sitôt qu'elle aura conçu, elle devra se garder de toutes ces choses, car elles pourraient détruire la conception. La menthe appliquée sur l'orifice de la vulve après le coït corrompt la semence génitale, et mise sur du lait, elle l'empêchera de se cailler, encore qu'on y mette de la présure ; même si vous en mettez sur les mamelles d'une femme, elle empêchera le lait de s'épaissir. Le safran ôte merveilleusement la puissance de concevoir. Si une femme boit à jeun de la décoction de saule, elle deviendra stérile et ce pour autant que le saule perd soudain sa semence. Le même effet est produit par le parfum de l'ongle d'une mule, l'urine et la sueur de celle-ci, et l'eau avec laquelle les serruriers ou maréchaux éteignent le feu de leur forge, si l'une ou l'autre de ces choses sont prises par la femme après la fin de ses règles. Mais surtout c'est un long et continu trémoussement qui est apte à arrêter la conception, car après que la femme se sera excessivement trémoussée, à la suite du coït, elle ne pourra retenir la semence génitale et la rendra donc inopérante. Ainsi fit cette chanteuse dont parle Hypocrate, laquelle ne voulant pas retenir le sperme pour concevoir, afin que la conception ne la notât d'infamie ou au moins n'amoindrît son honneur, tressaillit et sauta sur terre, rendit la semence conçue et son germe coula. Les observateurs superficiels de la vertu du nombre sept et les pythagorisans ont attribué cet effet à une puissance occulte, parce que Hypocrate aurait répété cela sept fois. Toutefois, cela est argué de faux, attendu que cela coule plus tôt ; encore faut-il considérer que plus elle sautera, moins elle concevra. Mais si la femme, avant d'avoir joui, boit du jus de rue et qu'on lui applique sur la vulve un pessaire, façonné à la forme de l'organe génital de la femme, et oint d'un mélange d'opoponax et de soufre vif, à l'aide d'une plume enduite de savon noir, il est certain que ce procédé amènera immédiatement un avortement. Cependant il faut se garder d'employer ces moyens, car ils nuisent généralement aux femmes enceintes. (*Porta*).

Pour modérer le trop grand désir de l'action de Vénus dans la femme.

Réduisez en poudre le membre génital d'un taureau roux, et donnez le poids d'un écu de cette poudre dans un bouillon composé de veau, de pourpier et de laitues à la femme trop convoiteuse, et on n'en sera plus importuné ; au contraire, elle aura aversion de l'action vénérienne. (*Petit Albert*).

Contre les aiguillons de la chair et pour vivre chastement.

Quoique les aliments assaisonnés avec laitues et pourpiers soient fort utiles pour amortir l'ardeur de la concupiscence, néanmoins, comme on n'en trouve pas dans toutes les saisons, et que l'on se pourrait ennuyer de cette mangeaille, à l'imitation des Israélites qui s'ennuyaient de la manne du désert, la nature a pourvu de plusieurs autres remèdes : vous prendrez donc de la poudre d'agathe que vous mettrez dans une bande de linge que l'on aura trempée dans de la graisse de loup, et l'on ceindra les reins de cette bande en guise de ceinture ; outre cela, l'homme portera sur soi un cœur de caille mâle, et la femme celui d'une caille femelle, et il aura plus d'effet s'il est enveloppé dans un morceau de peau de loup.

Pour empêcher que la femme puisse paillarder avec quelqu'un.

Ceux qui sont obligés de s'absenter pour longtemps de leur maison, et qui ont des femmes suspectes et sujettes à caution, pourront, pour sûreté, pratiquer ce qui suit. Il faut prendre un peu de cheveux de la femme et les couper menu comme poussière ; puis ayant enduit le membre viril avec un peu de bon miel et jeté la poudre de cheveux dessus, on procédera à l'acte vénérien avec la femme, et elle aura ensuite un très grand dégoût pour le déduit. Si le mari veut la faire revenir de ce dégoût, qu'il prenne de ses propres cheveux, qu'il les coupe en poussière comme il a fait de ceux de la femme, et après avoir oint son membre viril avec du miel et de la civette, et l'avoir saupoudré de ses cheveux, il procédera à l'acte avec consentement de la femme.

(*Petit Albert*).

Pour se garantir du cocuage.

Prenez le bout du membre génital d'un loup, le poil de ses yeux et celui qui est à sa gueule en forme de barbe, réduisez cela en poudre par calcination et le faites avaler à la femme sans qu'elle le sache, et l'on pourra être assuré de sa fidélité ; la moelle de l'épine du dos du loup a la même propriété.

(*Petit Albert*).

CHAPITRE XIV

DES VERTUS DE LA MANDRAGORE

Comment nous pourrons former une mandragore, j'entends celle qui est feinte — et se vend souvent par les femmelettes, — imposteurs et bateleurs...

Prenez une grande racine de couleur dite Bryonia, avec la pointe aiguë d'un burin formez-y la figure d'un homme ou d'une femme, lui ajoutant les parties génitales, et lorsque vous verrez qu'elle sera parfaite, percez avec une touche les parties naturelles, ou les endroits qui sont sujets à porter des poils, et dans ceux-ci posez du millet ou quelque autre graine, de sorte qu'en jetant quelques petites racines, elle produise aussi des barbes qui ressemblent à des poils. Cela fait, vous enfouirez cette racine dans une fosse très étroite et la laisserez là jusqu'à ce qu'elle se soit revêtue d'une écorce et ait jeté ses petites racines.

(*Porta.*)

Des Mandragores.

Quoique la plupart des villageois vivent dans l'ignorance et dans une espèce de stupidité grossière, néanmoins ils ont de certaines connaissances pratiques qui donnent de l'admiration par les effets qui en sont produits. Je me souviens d'avoir logé chez un riche paysan qui avait été autrefois fort pauvre et misérable, si bien qu'il était contraint de travailler à la journée pour les autres, et comme je l'avais connu dans le temps de sa misère, je pris l'occasion de lui demander ce qu'il avait fait pour devenir riche en si peu de temps. Il me dit qu'ayant empêché qu'une bohémienne ne fût battue et malmenée, pour avoir dérobé quelques poulets, elle lui avait appris le secret de faire une Mandragore, et que, depuis ce temps-là, il avait toujours prospéré, de bien en mieux, et qu'il ne se passait guère de jour qu'il ne trouvât quelque chose. Et voici de quelle manière la bohémienne lui avait enseigné de faire une Mandragore. Il faut prendre une racine de bryonia, qui approche de la figure humaine ; on la sortira de terre un lundi, dans le printemps, lorsque la lune est dans une heureuse constellation, soit en conjonction avec Jupiter ou en aspect aimable avec Vénus ; l'on coupe les extrémités de cette racine, comme font les jardiniers quand ils veulent transplanter une plante ; puis on doit l'enterrer dans un cimetière au milieu de la fosse d'un homme mort et l'arroser, avant le soleil levé, pendant un mois, avec du petit lait de vache dans lequel on aura noyé trois chauves-souris. Au bout de ce temps on la retire de terre et on la trouve plus ressemblante à la figure humaine ; on la fait chauffer dans un four chauffé avec de la verveine et on la garde enveloppée dans un morceau de linceul, qui ait servi à envelopper un mort. Tant que l'on est en possession de cette mystérieuse racine, on est heureux, soit à trouver quelque chose dans le chemin, soit à gagner dans le jeu de hasard, soit en trafiquant, si bien que l'on voit tous les jours augmenter sa chevance. Voilà de quelle manière le paysan me conta, fort naïvement, qu'il était devenu riche.

Il y a des Mandragores d'une autre espèce et que l'on prétend être des farfadets, lutins, ou esprits familiers, et qui servent à plusieurs usages ; quelques-uns sont visibles sous la figure d'animaux et d'autres invisibles. Je me suis trouvé dans un château où il y en avait un qui, depuis six ans, avait pris soin de gouverner une horloge et d'étriller les chevaux ; il s'acquittait de ces deux choses avec toute l'exactitude que l'on pouvait souhaiter, et je fus curieux, un matin, de voir ce manège ; mon étonnement fut grand de voir courir l'étrille sur la croupe du cheval, sans être conduite par aucune main visible ; le palefrenier me dit qu'il s'était attiré ce farfadet à son service en prenant une petite poule noire, qu'il avait saignée dans un grand chemin croisé, et que, du sang de la poule, il avait écrit sur un petit morceau de papier : « Bérit fera ma besogne, « pendant vingt ans, et je le récompenserai. » Et qu'ayant enterré la poule à un pied de profondeur, le même jour le farfadet avait pris soin de l'horloge et des chevaux et que, de temps en temps, il faisait des trouvailles qui lui valaient quelque chose. C'est un entêtement où plusieurs personnes sont de croire que ce qu'ils appellent Mandragore leur paie un certain tribut chaque jour, comme un écu d'une pistole, plus ou moins. Je n'ai jamais ouï dire cela qu'à des personnes de petit jugement, et tous ceux qui m'en ont parlé, avec plus de ressemblance, ne m'ont dit autre chose, sinon que, quand on a attiré ces sortes de Mandragores à son service, on est heureux au jeu, on trouve, dans les chemins, de l'argent ou des joyaux, et que quelquefois, durant le sommeil, on est inspiré d'aller dans des endroits où l'on doit trouver quelque chose. Je finirai cette matière par le récit d'une Mandragore que j'ai vue à Metz, entre les mains d'un riche juif. C'était un petit monstre semblable à la figure d'un petit vieux mal bâti ; elle n'était pas plus grosse que le poing ; ce petit monstre n'avait rien que cinq semaines et dans si peu de temps avait fait la fortune de ce juif, qui m'avoua que le septième jour qu'il l'eut, il avait été inspiré, la nuit, en dormant, d'aller dans une vieille masure où il trouva une somme fort considérable d'argent monnayé et beaucoup de bijoux d'orfèvrerie cachés en terre, et que depuis il avait toujours prospéré dans ses affaires. Il m'étonna bien en me disant de quelle manière il avait eu cette Mandragore. J'ai suivi, me dit-il, ce que le célèbre Avicenne a écrit sur ce sujet : qu'il faut avoir un gros œuf de poule noire, le percer, en faire sortir un peu de la glaire, c'est-à-dire environ de la grosseur d'une fève, et l'ayant rempli de semence humaine, on bouchera le pertuis bien subtilement, en y coulant un petit morceau de parchemin humecté, puis on le met couver au premier jour de la lune de mars, dans une heureuse constellation de Mercure et de Jupiter, et au bout du temps convenable ; l'œuf venant à éclore, il en sort un petit monstre, comme vous le voyez ; on le nourrit dans une chambre secrète, avec de la graine d'aspic et des vers de terre. Celui que vous voyez n'a rien que l'espace d'un mois et cinq jours, et pour le conserver, après sa mort, on le met dans un bocal de verre fort, avec de bon esprit-de-vin, bien bouché.

(*Petit Albert*) (1).

(1) 1 vol. 3 fr. 50.

CHAPITRE XV

SUR QUELQUES MYSTIFICATIONS MAGIQUES. SUR LES BEAUX ENFANTS.

Les auteurs des grimoires étaient certainement français ; cela se juge au premier coup par le côté « farce » qui règne à certains endroits de leur œuvre. La magie qu'ils ont établie s'emploie quelquefois à jouer des tours au prochain... Pas bien méchants, ces tours... Exemple : il n'y a pas mal immense à faire danser une fille en chemise. Si le cœur vous en dit, — et si cela vous fait retrouver le vieux rire gaulois !

Lier ensemble les hommes et les femmes, de sorte qu'ils ne pourront se joindre charnellement

Albert, dans son livre des animaux, a écrit que si on lie la verge génitale du loup au cou d'un homme ou d'une femme, ils seront impuissants à goûter les plaisirs de Vénus, de sorte qu'ils sembleront plutôt châtrés qu'autrement et ils demeureront en cette peine jusqu'à ce que le nœud soit délié. Toutefois cela pourrait être trouvé ridicule et il semble que l'expérience journalière s'inscrive en faux contre ce procédé.

(*Porta.*)

Pour faire que les femmes se réjouissent.

Faites flamboyer et brûler plusieurs lampes avec de la graisse de lièvre et si les femmes demeurent quelque peu au milieu d'un endroit aussi éclairé, elles se réjouiront tant qu'elles tressailliront ; toutefois cela n'a lieu que rarement.

(*Porta.*)

Pour rendre un homme impuissant.

Si vous voulez rendre un homme impuissant, prenez un de ces vers qui luisent en été dans les buissons, écrasez-le dans votre main et frottez-en la nuque de celui que vous voulez frapper d'impuissance, et vous pouvez être sûr qu'il le sera, attendu que vous aurez interrompu la communication entre le cerveau et les organes de la génération, mais il faut pour cela une grande puissance de volonté.

(*Le Livre Rouge.*)

Pour faire péter les génitoires à un homme rompu et grevé.

Voici la manière de le faire quand l'envie vous

en prendra. Lorsque vous remarquerez qu'il s'approche du feu pour se chauffer, jetez du bois de sureau ou de figuier vert dans le feu, alors ses testicules pèteront tellement qu'il sera contraint de se retirer de là. Or, cela vient-il du vent que ce bois jette, semblable à celui qui peut lui nuire ; c'est assez quant à ce point, car on ignore la vraie cause du phénomène.

(*Porta.*)

Pour faire danser une fille en chemise.

Prenez de la marjolaine sauvage, de la franche marjolaine, du thym sauvage, de la verveine, des feuilles de myrte avec trois feuilles de noyer et trois petites souches de fenouil ; tout cela cueilli la veille de la Saint-Jean, au mois de juin, avant soleil levé ; il faut les faire sécher à l'ombre, les mettre en poudre et les passer au fin tamis de soie ; et quand on veut exécuter ce joli badinage, il faut souffler de cette poudre en l'air, dans l'endroit où est la fille, en sorte qu'elle le puisse respirer, ou lui en faire prendre en guise de tabac, et l'effet suivra de près.

Un fameux auteur ajoute que l'effet sera encore plus infaillible si cette expérience gaillarde se fait dans un lieu où il y ait des lampes allumées avec de la graisse de lièvre et de jeune bouc.

(*Petit Albert*) (1).

(1) 1 vol. 3 fr. 50.

⁂

Prudents aussi, nos sorciers, tels de vieux pères de l'Eglise, s'ils enseignent à forcer l'amour, ne manquent jamais d'en rappeler la fin naturelle : l'homme et la femme s'épousent pour s'aimer, mais aussi pour assurer la postérité de leur race. Quoi d'étonnant à ce qu'ils nous aient laissé quelques moyens, non seulement d'avoir des enfants, mais de les avoir beaux !

Pour faire concevoir un garçon à une femme.

Si quelqu'un veut qu'une femme devienne grosse et qu'elle conçoive un garçon, il n'a qu'à prendre la matrice et les entrailles d'un lièvre, les faire sécher et les réduire en poudre, et ensuite les faire boire à la femme, mêlées avec du vin. Ou bien qu'il fasse la même expérience avec les testicules d'un lièvre, et qu'il lui donne à prendre à la fin de ses règles ; ensuite elle concevra un mâle, si elle se sert incontinent après du coït. De même, si une femme prend une ceinture de poil de chèvre, trempée dans du lait d'ânesse et qu'elle se l'attache sur le nombril, jusqu'à ce qu'elle ait été connue de son mari, immanquablement elle concevra. Je dis cela pourvu qu'il n'y ait point d'autres causes ni empêchements. De plus, que l'on prenne le foie ou les testicules d'un jeune porc, qu'on les fasse sécher et réduire en poudre tout ensemble ; ensuite qu'on en donne à boire à l'homme et à la femme ; si l'homme était impuissant, il se trouvera capable et propre à la génération ; et si la femme n'avait pu encore devenir grosse, elle le deviendra.

(*Petit Albert.*)

Pour faire que les femmes engendrent de beaux enfants.

Empédocle, philosophe éminent, dit que dans l'acte de la conception, le regard donne forme à la progéniture, car il s'est trouvé que souvent les femmes ont aimé les statues et ont engendré des enfants semblables à ces statues. On trouve aussi qu'en maints endroits les femmes ont fait des enfants noirs et velus, dont les hommes étonnés, après s'être fort travaillé l'esprit, ont enfin aperçu des tableaux exposés au regard de la femme lorsqu'elle était occupée à l'acte d'amour et sur lesquels sa vue s'était arrêtée ; or, la femme accouchait d'êtres semblables à ceux qu'elle avait vus. C'est pourquoi je suis d'avis qu'il faut conserver dans sa mémoire ce que l'expérience nous enseigne, à savoir qu'on tienne les effigies de Cupidon, d'Adonis et de Ganimède peintes et pendues devant elles, ou bien qu'elles soient forgées de matière solide, et que les femmes, pendant le jeu d'amour, considèrent ces effigies et en imprègnent leur esprit, de sorte que leur entendement en soit ravi, et que les femmes enceintes les contemplent longuement, et l'enfant qui naîtra d'elles sera ce que, dans l'embrassement amouyeux, elles auront conçu dans leur pensée ; je suis persuadé que cela les aidera grandement. Ayant quelquefois commandé cela, une femme l'entendit et soudain se proposa devant les yeux la statue d'un enfant de marbre blanc, et bien formé, car elle désirait un enfant de cette forme et, de fait, et dans l'embrassement et dans le coït et tandis qu'elle était enceinte, elle représentait en esprit cette effigie. Il en advint qu'après son accouchement elle montra un enfant grasset, et non dissemblable du simulacre composé de marbre et tellement pâle qu'il imitait un vrai marbre. L'exactitude de cette expérience est bien patente ; plusieurs femmes ont été louées d'avoir employé cet artifice, qui a favorisé leurs succès et leurs desseins. D'ailleurs, il faut prendre garde que les embrassements ne soient pas désordonnés et que le coït ne se fasse point de côté ou debout, car cela a été cause que plusieurs ont produit des monstres.

(*Porta*) (1).

Pour faire revenir les mois aux femmes.

Prenez des pois chiches noirs, que vous ferez bouillir dans de l'eau ; coulez l'eau lorsqu'ils seront cuits, et en prenez un verre par trois matins différents.

(*Le Livre de la Veine.*)

(1) 1 vol. 15 francs.

Des marques pour faire connaître si une femme est enceinte d'un garçon ou d'une fille.

Les marques et les signes qui suivent sont véritables et assurés pour connaître si c'est un garçon ou une fille qui soit dans le ventre d'une femme ; parce que dans le temps de la conception d'un garçon, la couleur du visage est rouge et le mouvement léger.

Si le ventre se grossit et devient rond du côté droit, c'est un garçon.

De plus, si le lait sortant des mamelles paraît épais, de manière que, le mettant sur quelque chose bien propre, il ne se sépare point, qu'au contraire ses parties se tiennent ensemble sans couler, c'est une marque aussi sûre que les précédentes. De même, si on prend du lait d'une femme grosse, ou une goutte de sang qu'on lui aura tiré du côté droit, et que, le jetant dans une fontaine d'eau claire, il va directement au fond, elle est grosse d'un garçon ; si, au contraire, il demeure au-dessus, c'est une fille. Ou bien, si elle a la mamelle droite plus grosse que l'autre, c'est un garçon ; si la gauche est plus grosse, c'est une fille. Ou bien, si le sel que l'on met sur le bout des mamelles ne se fond pas, c'est un mâle.

Il y a encore un autre signe pour savoir si c'est un garçon : il faut prendre garde si la femme remue toujours le pied droit le premier. Et pour connaître si c'est une fille, il faut voir si la femme est pesante et pâle ; si elle a le ventre rond et long du côté gauche, tirant sur le noir ; si son lait est noir, indigeste, livide, aqueux et délié, si, le mettant sur quelque chose, il se sépare, en le jetant dans une fontaine il nage sur l'eau, et ainsi des autres. Tout cela marque qu'une femme est grosse d'une fille. Il y a entre ceux-là que l'on vient de dire plusieurs autres signes ; comme si elle sent de la douleur du côté gauche, c'est une fille ; si elle en sent du côté droit, c'est un garçon (1).

(*Petit Albert.*)

(1) Consulter sur le même sujet un savant ouvrage publié par H. Daragon, éditeur : *La Sexologie*, ou *l'Oracle des Sexes*, par S. de Massilié. Prix : 2 fr. 50.

CHAPITRE XVI

L'ART D'ÊTRE AMOUREUX ET PUISSANT, JUSQU'EN LA VIEILLESSE (1)

Enseigner à l'homme les moyens de se montrer vigoureux près du sexe jusqu'à l'âge le plus avancé, n'est rien autre chose que de lui tracer les préceptes hygiéniques les plus propres à la conservation de la santé et à lui procurer la plus grande longévité possible. Qu'est-ce, en effet, que la santé ? L'exercice libre, facile et régulier de toutes les fonctions qui caractérisent la vie. Ainsi, l'homme sera jugé jouir d'une excellente santé, quand l'estomac et le reste de l'appareil digestif sauront extraire des aliments ordinaires une grande dose de sucs nutritifs ; quand le cœur chassera avec facilité et énergie, vers toutes les parties du corps, un sang riche en matières alibiles ; quand les veines, à leur tour, apporteront sans aucun obstacle les principes superflus vers ce même centre de la circulation ; quand les poumons, parfaitement sains, se dilateront aisément

(1) Par M.-J. Morel de Rubempré. (*Les Secrets de la génération*), 2 vol. 7 francs.

pour admettre le sang veineux dans leurs cellules, ainsi que le fluide régénérateur de ce liquide; quand, en un mot, toutes les actions et tous les mouvements, tant du corps que de l'esprit, s'exécuteront sans troubler un seul instant cet état d'aise que procure habituellement le don de santé.

La faculté d'entrer en érection et de fournir à la femme la liqueur spermatique capable de la faire concevoir, étant une des fonctions naturelles qui constituent la vie de l'homme, il s'ensuit que celui-ci doit la conserver, tant que tous les autres organes exécuteront leur action avec ce rythme et cette facilité qui sont les attributs de la santé. Si l'on a bien réfléchi sur le mode d'agir des organes sexuels et sur les moyens que la nature emploie pour leur transmettre les éléments de toute vitalité, de toute sécrétion, l'on sentira facilement que tant que le cerveau jouira de cette activité qui lui est nécessaire pour donner l'excitation à tous les autres organes, que les vaisseaux chylifères sauront absorber les matériaux propres à entretenir la vie, que le bon état des poumons rendra la respiration facile, etc., etc., l'on sentira, dis-je, que tant que toutes les fonctions s'exécuteront d'une manière normale, les organes testiculaires ne pourront être privés de l'énergie qui leur est nécessaire pour préparer une dose suffisante de liqueur fécondante. En effet, si le système nerveux est sain, nul doute qu'ils n'en reçoivent toute l'excitation indispensable à leur mode d'action ; si le système circulatoire n'est le siège d'aucune altération, nul doute que l'appareil sexuel ne se trouve abreuvé, par le moyen des artères spermatiques, des matériaux de sa force et de ses sécrétions ordinaires ; si l'appareil musculaire n'a rien perdu de sa puissance contractile, nul doute que les muscles éjaculateurs ne conservent la propriété de lancer avec énergie la liqueur préparée par les testicules. On voit donc manifestement que la puissance génétrice est une conséquence nécessaire de la bonne organisation du corps et de l'excellence de la santé, et qu'elle devra nécessairement exister chez tout individu qui offrira ce double avantage.

D'après ce, lecteurs, vous conclurez facilement avec moi que c'est dans les sages préceptes de l'hygiène, plutôt que dans de vaines excitations, aussi momentanées que factices, qu'il faut rechercher les moyens de conserver cette délicieuse aptitude aux plaisirs de l'hymen. Ainsi l'art d'obtenir les résultats qui fait l'objet de la dernière partie de mon ouvrage vous est déjà parfaitement connu : *Donner une sage direction à tous les organes de l'économie, et user convenablement de tous les biens que la nature nous accorde pour notre conservation.*

Pour peu que le médecin, ou toute autre personne judicieuse et observatrice, porte ses regards sur les causes des nombreuses maladies dont l'homme est susceptible, il ne tarde pas à reconnaître que toutes ont leur source dans le mauvais exercice des organes, dans le choix vicieux ou l'abus des différents agents que la nature lui accorde pour son accroissement et sa conservation. C'est ainsi que l'exercice outré de l'intelligence jette l'âme dans l'épuisement, que les travaux physiques excessifs conduisent l'économie entière à l'affaissement, etc. C'est ainsi, d'une autre part, qu'un air trop vif, précipitant toutes les fonctions de l'économie, irrite tout l'organisme et prédispose à une foule de maladies inflammatoires ; qu'un air concentré et trop épais ralentit les mouvements vitaux et peut conduire à une faiblesse générale complète, etc. ; c'est ainsi, enfin, pour ce qui a trait à l'abus, que les meilleurs aliments et les boissons les plus salutaires peuvent devenir de véritables poisons pour ceux qui en prennent au delà de ce que leur permettent les forces de l'estomac, du cerveau, etc., etc.

D'après ce court aperçu sur les causes capables d'altérer la santé et, conséquemment, de priver l'homme de cette puissance procréatrice qu'il est toujours jaloux de montrer dans l'hiver même de la vie, on voit qu'il ne pourra manquer d'atteindre ce but, sauf les causes morbifiques accidentelles et absolument indépendantes de sa volonté : 1° en réglant sagement l'action des organes : éviter tout excès dans l'exercice actuel des fonctions physiques et morales ; 2° en faisant un choix convenable de tous les agents que la nature nous accorde pour le maintien de la santé : air pur, habitation de lieux secs et bien exposés, alimentation restaurante et de facile digestion, boissons fortifiantes et non trop excitantes, etc. ; 3° enfin, en mesuraient sagement la dose de ces divers modificateurs de l'économie d'après l'âge, le sexe, le tempérament, la profession, les idiosyncrasies, etc., ainsi qu'il est facile de s'en convaincre par la lecture de notre *Lavater des Tempéraments et des Cons-*

titutions. Ainsi, nous le répétons encore une fois, l'art de conserver le plus longtemps possible une grande vigueur près le sexe, se réduit absolument à l'observation des sages préceptes de la science hygiénique. Ici devrait donc figurer naturellement un traité complet de cette branche importante de la médecine. Comme il nous serait impossible de traiter ici amplement un sujet si vaste, nous devons encore renvoyer nos lecteurs à notre *Véritable Médecine sans Médecin,* ouvrage in-8°, dans lequel nous consacrons près de deux cents pages à exposer le but de cette belle science, qui, comme l'on sait, n'est rien moins que l'art précieux de donner une sage direction aux facultés intellectuelles, ainsi qu'aux organes essentiels de l'économie, comme l'estomac, les poumons, le cerveau, les nerfs, les sens, etc. ; d'user convenablement de tous les biens et de toutes les jouissances que l'auteur de la nature voulut bien nous accorder, tant pour soutenir notre existence matérielle, que pour trouver quelques fleurs sur la mer orageuse de la vie sociale, comme lumière, air, sons, musique, aliments, boissons, assaisonnements, plaisirs sexuels, exercices, jeux, etc. ; d'écarter les nombreux agents qui tendent sans cesse à troubler l'harmonie des fonctions et à compromettre le bien inappréciable de la santé, comme odeurs malsaines, matières en putréfaction, chaleurs ou froids intenses, etc. ; de connaître ces lois sacrées de la saine morale, base de toute félicité sur cette terre, par la sérénité de l'âme, la paix du cœur qu'elle procure, et dont le mépris entraîne irrévocablement avec soi les peines rongeantes des remords et l'agitation tumultueuse de toutes les opérations de l'intelligence ; en un mot, de parcourir une longue carrière, exempte autant que possible des maux et des infirmités auxquels se trouve exposée notre frêle économie.

Cependant, parmi les différentes matières dont s'occupe l'hygiène, il est une question que nous ne saurions passer ici sous silence, c'est celle relative aux *plaisirs sexuels.*

Plaisirs de l'amour.

De toutes les matières que nous avons traitées jusqu'à présent, il n'en est point, selon nous, qui soit plus digne de nos sérieuses méditations que les plaisirs sexuels. Travailler à la conservation de cette jeunesse perpétuelle dans laquelle la nature veut entretenir le monde vivant, n'est rien autre chose, il est vrai, que l'une des nombreuses fonctions qui constituent la vie. Mais l'acte propagateur diffère essentiellement de toutes les autres fonctions de l'économie animale, en ce qu'il fait éprouver aux sexes des sensations délectables, dont nulle expression ne saurait donner la plus légère idée. C'est cet attrait irrésistible des plaisirs sexuels qui donne à ce sujet cette grande importance que tous les médecins physiologistes s'accordent à lui attribuer.

Jouir de la vie, ou, ce qui exprime la même pensée à nos yeux, exercer nos organes et remplir les fonctions qui leur sont dévolues, c'est avancer à pas plus ou moins précipités vers le terme de notre existence. Les éléments dont l'être animal est constitué sont associés de manière que leur dissolution doit nécessairement avoir lieu par le seul exercice des organes dans la composition desquels ils entrent. Chacun connaît cet axiome universellement admis : *qui vit vite, vit peu longtemps*, c'est-à-dire l'homme peut d'autant moins prétendre à la longévité, que les fonctions s'exécutent chez lui avec plus de vitesse. De même que l'on voit se flétrir et périr promptement toute fleur dont on a hâté le développement par une chaleur intense, des matières alcalines ou d'autres moyens d'excitation végétale, de même, tout animal placé sous l'influence de diverses circonstances particulièrement excitantes, ne peut espérer une vie que de la plus courte durée.

Appliquant ces données générales à la fonction qui fait le sujet spécial de nos études, nous sentirons facilement que nous serons d'autant moins en droit d'espérer une heureuse longévité et une longue aptitude à la propagation, que nous aurons soumis l'appareil sexuel à des exercices plus actifs et plus fatigants. Sans cesse l'on entend l'homme se plaindre amèrement des maux qui l'accablent, de la brièveté de sa vie, et surtout de cette débilité physique qui le rend prématurément inapte à ressentir encore ces délicieux plaisirs qu'il savoura jadis avec tant d'ardeur. Mais n'accusons point la nature des maux qui nous accablent : ils sont notre œuvre, et il ne peut en exister pour le vrai sage. La mort étant une conséquence naturelle et nécessaire de l'existence, il voit sans effroi arriver sa fin dernière. Cette louable modération avec laquelle il ne cesse d'user des jouissances de la vie, le met à l'abri de cette foule d'incommodités dont se plaint le commun des hommes, et lui réserve des fleurs pleines d'attraits jusque dans les dernières périodes de l'hiver de la vie.

Consacrant mes veilles à la recherche de toutes les vérités qui peuvent répandre la lueur de leur flambeau sur la grave question de la génération, et consulté journellement sur une foule de cas relatifs à cette importante fonction, ce sera avec des titres d'autorité irrécusables (que l'on me permette de me rendre cette justice), que je vais exposer à mes lecteurs les conséquences de l'usage abusif ou modéré des plaisirs qui ont pour but la conservation de l'espèce. C'est avec un sentiment de plaisir et d'admiration que je me rappelle de respectables octogénaires usant, sans aucune espèce d'incommodité, de tous les genres d'aliments et de boissons, offrant un corps droit et vigoureux, une marche facile et assurée, un teint frais et vermeil, l'usage le plus aisé et le plus complet de toutes les facultés de l'intelligence, cette gaieté et cette sérénité de l'âme que donnent toujours la sagesse et le bien-être physique, enfin, la plus grande aptitude non seulement à la jouissance des plaisirs sexuels, mais encore à la reproduction. C'est, au contraire, avec un sentiment de douleur et de compassion que je me représente une foule de jeunes gens, parvenus à peine au printemps de leur existence, offrant des membres débiles et chétifs, un estomac faible et malade, des traits affaissés, présentant tous les caractères de la vieillesse la plus avancée; l'absence de toute énergie morale et physique, enfin ne montrant plus qu'une honteuse impuissance auprès d'un sexe créé pour faire les délices de la vie entière du sage. Or, lecteurs, dans chacune de ces observations recueillies avec toute l'exactitude possible, toujours j'ai pu conclure que ce dernier et déplorable état ne reconnaissait d'autres sources que l'intempérance, le dérèglement de la vie, la dissolution des mœurs; tandis que ces heureuses vieillesses, aussi édifiantes que dignes d'envie, étaient la récompense de la sobriété, de la sagesse et surtout de la continence.

De toutes les passions tristes qui tendent à envelopper de leurs noirs nuages la félicité que la nature ne peut refuser à aucun des hommes, il n'en est point de plus constante et de plus générale que l'ennui. Le caractère naturel de l'immense majorité des hommes est d'éprouver un vide affreux dans l'isolement et l'absence des plaisirs, et surtout des plaisirs variés. Pour peu que nous voulions porter nos regards sur les fruits immenses des arts et de l'industrie, etc., nous ne tarderons pas à nous convaincre que tous ont pour but de procurer à l'homme cette variété de jouissance dont il est naturellement esclave. Ces plaisirs variés sont pour lui ce qu'est le fluide nerveux à tous les organes de l'économie, lesquels perdent tout sentiment et toute action dès qu'ils viennent à se trouver privés de l'influence de cet agent animateur. Dès l'instant où ils lui échappent, l'horreur du néant semble s'offrir à ses regards, et les rêveries les plus tristes viennent accabler sa pensée. Une succession rapide de sensations physiques et morales variées, telle est donc, pour le commun des hommes, la condition indispensable de toute félicité sur cette terre.

C'est de cette nécessité où se trouve l'homme de rechercher sans cesse toutes les circonstances susceptibles de stimuler agréablement ses organes que résulte, pour le grand nombre, cet usage abusif et meurtrier de tous les moyens de jouissance que l'auteur de la nature voulut bien, dans sa bienveillante prévision, nous accorder pour la satisfaction de nos besoins. De là cette foule de mets différents dont l'art culinaire sait charger nos tables, ces boissons de tous genres propres à faire naître de douces illusions dans nos âmes, et à nous délivrer momentanément de l'*importunité* de la raison ; ce besoin que tant de personnes éprouvent d'aller chercher dans les représentations théâtrales des moyens de sensations et de stimulations autres que celles qui leur sont familières ; cette inconstance et cette légèreté dans nos amours qui nous font sans cesse soupirer après de nouveaux objets, comme plus piquants que ceux que nous abandonnons, et capables de nous faire éprouver des plaisirs nouveaux, etc., etc.

Parmi les moyens de jouissance accordés à nos besoins, nul doute que les plus propres à nous stimuler d'une manière vive et délicieuse ne soient recherchés avec plus d'ardeur que les autres. Or, de tous les plaisirs physiques que peut éprouver l'homme, il n'en est point qui égalent en délices ceux qui résultent de l'union intime des sexes. Je n'essayerai point ici de peindre les délicieuses sensations dont l'amour sait enivrer deux amants passionnés ; un tel travail est au-dessus de mes forces : les plus habiles auteurs y ont toujours échoué, et ceux-là seuls qui s'asseoient au banquet de Vénus peuvent avoir une idée de cet excès de délices dont l'auteur de la nature plaça en nous les éléments pour nous conduire irrésistiblement à l'accomplissement de ses desseins éternels.

Si, de toutes nos jouissances, les sexuelles sont les plus attrayantes, il s'ensuit nécessairement que c'est dans l'acte qui les produit que l'homme devra faire les plus grands excès. Une autre vérité non moins importante, c'est que de tous les écarts de régime, il n'en est point qui soit plus funeste à la santé que l'usage abusif de l'acte propagateur. De là, l'on conçoit toute l'importance de cette question dans un traité qui a pour objet la conservation d'une grande puissance génitale jusqu'à l'âge le plus avancé. Exposons donc les terribles résultats du libertinage ; traçons en même temps les principaux préceptes à observer pour ne ressentir que la douce influence des plaisirs de la génération, et pour se mettre à l'abri de l'attirail de maux, et surtout de cette impuissance prématurée qu'ils sont susceptibles d'entraîner.

L'étreinte.

Nul doute que le coït, cet acte si impérieusement commandé par la nature, ne soit une fonction tout aussi peu nuisible par elle-même que toutes les autres fonctions qui constituent la vie. On doit même reconnaître que les plaisirs sexuels sont indispensables à la santé et au bien-être des personnes vigoureuses et bien constituées. Chacun sait qu'une continence forcée peut, chez de tels sujets, irriter les organes reproducteurs, révolutionner tout l'organisme, porter le désordre dans les facultés de l'âme, troubler entièrement la raison, entraîner la tristesse, l'ennui et même le dégoût de la vie : tandis que, chez eux, le combat amoureux donne une salutaire impulsion à la vitalité, rend plus facile le jeu des organes, active les opérations de l'intelligence, inspire les sentiments de gaicté, rend plus aimable, plus dispos, en un mot, répand sa bénigne influence sur toutes les fonctions de la vie. Mais autant ces plaisirs, pris avec modération, sont utiles à la santé, au bien-être et au bonheur des êtres heureusement organisés, autant ils peuvent devenir pernicieux aux personnes de l'un et de l'autre sexes, qui ne jouissent que d'une santé chétive, ou qui, réunissant d'ailleurs une grande dose de force physique et morale, s'y livrent d'une manière excessive.

Il serait difficile de se représenter parfaitement les fâcheux effets du libertinage sans acquérir préliminairement une idée plus ou moins complète du mode d'agir des liqueurs qui doivent concourir à la formation de nouveaux êtres. Les effets sur l'économie offrent une parfaite ressemblance chez l'un et chez l'autre sexes, mais nous devons noter que ces effets sont infiniment plus prononcés dans l'homme que dans la femme. Conséquemment, c'est du sperme, ou de cette liqueur transmise par le membre viril pendant le coït, que nous allons spécialement nous occuper.

Tout lecteur qui raisonnera tant soit peu, concevra facilement avec moi que la perte d'un liquide quelconque sera d'autant plus nuisible à la santé qu'il remplira un rôle plus important dans les phénomènes de la vie. Ainsi, l'on sait que les hémorragies, ou pertes excessives de sang, ce principe de toute alimentation, compromettent gravement et très promptement l'existence ; que le manque d'action de l'agent nerveux entraîne subitement la paralysie ou l'immobilité, l'insensibilité des parties privées de l'action des nerfs ; que la rareté ou l'absence de fluide atmosphérique ne tarde pas à mettre la vie dans le danger le plus imminent, etc. Telle est la condition de l'homme, qu'il ne peut naître, croître et soutenir son existence que sous l'influence de certains agents, tant intrinsèques qu'extrinsèques, tels que le sang, le fluide nerveux, l'air, le feu, etc., etc. Nous croyons devoir placer la liqueur spermatique au nombre des plus puissants stimulants organiques, après toutefois les fluides dont la présence permanente est indispensable au maintien de la vie.

On sait que la liqueur qui nous occupe se dépose dans les vésicules séminales à mesure qu'elle se trouve sécrétée par les organes testiculaires. Mais plusieurs de nos lecteurs ignorent sans doute encore que ce fluide, amassé en trop grande quantité dans ses réservoirs, finit par être pompé par les vaisseaux absorbants et transmis dans le torrent circulatoire, d'où il est ensuite mis en contact avec tous les organes de l'économie, puisqu'il n'est pas une seule partie du corps qui ne reçoive du sang les principes de sa sensibilité, de sa contractilité, c'est-à-dire de la vie qui l'anime. La nature, il est vrai, sait quelquefois ressaisir ses droits chez les personnes continentes, et déterminer l'expulsion d'une certaine quantité de ce fluide par des pollutions involontaires ; mais toujours est-il reconnu par tous les médecins physiologistes qu'elle n'en chasse qu'une faible partie, et que la plus grande masse s'en trouve absorbée et portée dans le torrent de la circulation.

Eh bien, pour acquérir une juste idée des effets de la liqueur séminale sur la machine vivante, comparons l'homme qui en reflue avec le même homme venant de la répandre avec profusion. Tel offre tous les symptômes de la force physique, ainsi que la plus grande énergie morale ; son cœur bat avec force et vélocité ; tous ses mouvements s'exécutent avec vigueur, prestesse et agilité ; le feu brille dans ses yeux ; ses traits sont pleins d'une mâle expression ; son âme roule des pensées nombreuses et sublimes ; de sa féconde imagination sortent des idées les plus belles, les plus merveilleuses ; son étincelant génie enfante les productions les plus rares et pour ainsi dire divines ; par son jugement exquis, il aperçoit les rapports des choses avec une justesse étonnante ; son âme sensible est susceptible des plus vives passions et des affections les plus actives ; le dieu de la guerre l'enflamme du désir de combattre, les dangers sont nuls pour lui, une mort glorieuse est l'unique objet de ses vœux ; mourir pour ses proches, verser glorieusement son sang pour la patrie, répandre avec profusion ses bienfaits sur l'humanité souffrante sont pour lui les plaisirs les plus délectables ; l'enjouement et l'aimable gaieté président à tous ses discours ; il se distingue par les saillies les plus aimables, les plus spirituelles. Le beau sexe a pour lui des attraits indicibles : il se précipite avec fureur vers l'objet qu'il affectionne. Portons actuellement nos regards sur ce même homme qui vient de consumer ses forces et ses feux par des jouissances excessives ; quelles étonnantes mutations n'observons-nous pas en lui ! Ses sens deviennent obtus, ses pensées moins nombreuses et bientôt nulles ; son imagination s'émousse, son jugement et son raisonnement se pervertissent ; la générosité, la valeur, le patriotisme, le courage, la gaieté, l'amabilité et les désirs voluptueux qui l'animaient font place à la plus excessive apathie et à la plus froide indifférence. Si, malgré la faiblesse où l'ont déjà réduit les pertes séminales, il cherche encore à irriter ses désirs, et pousser plus loin ses excès, son corps ne tarde pas à tomber dans un dépérissement total, et il n'offre bientôt plus que la triste image de la mort.

S'il nous manquait encore des preuves propres à démontrer les effets désastreux de la perte excessive de cette liqueur éminemment excitante, n'en trouverions-nous pas à chaque page de l'histoire de tous les peuples de la terre, et de presque tous les hommes dont le rang ou les actions mémorables nous ont transmis le souvenir ?

Le grand Salomon mérite, dans ses belles années, le glorieux surnom de *sage par excellence*, et donne aux Israélites une splendeur et une prépondérance qu'ils n'acquirent jamais sous aucun autre monarque ; à quoi se réduisit cette gloire, lorsque, dans un âge plus avancé, il se vautra dans les plaisirs du libertinage ?... Sardanapale, après avoir donné des preuves non équivoques de bravoure et de sagesse, réunit à peine le courage nécessaire pour se brûler dans son palais avec la foule innombrable de prostituées dont il s'était entouré dans un âge plus avancé. Arbacès, qui le força à cette extrémité, n'avait pu douter un seul instant qu'un prince si efféminé succombât bientôt à son attaque. Gjemschid, dont le nom signifie *Soleil*, et surnommé *Salomon persan*, tant à cause de sa haute sagesse que par sa magnificence, s'étant ensuite adonné, comme ce dernier, à la débauche, devient l'objet du mépris de ses sujets, se voit attaquer par Dehoc, qui ne tarde point à le faire scier en deux. Ptolémée Philadelphe, roi de l'Egypte, après s'être signalé par de brillantes conquêtes, avoir fait construire de nombreux canaux, équiper des flottes importantes, construire de superbes monuments, rendu le commerce égyptien des plus florissants, se livre aux plaisirs, à la mollesse, s'énerve, laisse ainsi échapper sa haute puissance, et meurt jeune encore avec tous les attributs de la triste vieillesse.

Ce conquérant, à la bravoure et aux armées victorieuses, auquel aucun peuple de la terre ne peut résister tant qu'avec ses soldats il sut mépriser la mollesse et observer les lois de la continence, cet Alexandre le Grand, dis-je, dont la puissance semblait le faire marcher l'égal des dieux, trouve vainqueur dans l'appât du vin, les attraits de la belle Roxane, et meurt dans Babylone au printemps de l'âge. Antoine, chéri des armées et du peuple de Rome, Antoine dont la bravoure et les hauts faits militaires mettaient entre ses mains les destinées du monde entier, s'énerve entre les bras de la belle et voluptueuse Cléopâtre, perd la bataille d'Actium, où il eût pu triompher d'Octave, et périt jeune encore, par suite d'une funeste passion qui avait maîtrisé tous ses sens.

Annibal poussé ses conquêtes jusqu'aux portes de Rome, qu'il saisit d'épouvante ; sûr de vaincre, il laisse reposer son armée dans la délicieuse et voluptueuse ville de Capoue ; l'heure de reprendre les armes sonne, mais une défaite prompte et complète ne tarde pas à apprendre à ce grand capitaine que ses courageux soldats ont déposé leur force et leur bravoure dans le sein des filles romaines, et il est forcé de déserter honteusement l'Italie, après avoir mis à deux doigts de sa perte la redoutable rivale de Carthage.

Les Mérovingiens, dont la mollesse et la paresse sont passées en proverbe, se voient chasser du trône de France par le sage Pépin le Bref, tige des Carlovingiens. Philippe Ier, sur le cadavre duquel le peuple français cria *haro*, ne fut-il pas un infâme débauché ? Charles VI, sous le règne duquel tant de calamités pesèrent sur notre pays, ne dut-il pas sa fatale démence à son amour effréné pour les femmes ? La France est à deux doigts de sa perte sous le règne de Charles VII, et manque de tomber en la puissance des Anglais, qui le surnommèrent à juste titre le *roi de Bourges*, où ce monarque débauché s'enivrait de la plus honteuse volupté. Naples, par la séduction de son climat et le concours de toutes voluptés, fut pour l'armée victorieuse de Charles VII ce qu'avaient été pour celle d'Annibal les délices de Capoue, et ce prince, après les plus rapides conquêtes, se vit forcé de revenir honteusement en France, qu'il dota de la *maladie syphilitique*, récompense des sacrifices qu'il lui avait imposés pour cette folle et malheureuse expédition. Louis XII, qu'on aurait pu citer comme le modèle des rois, se voit ravi prématurément à l'amour des Français par trop de complaisance pour sa jeune et belle épouse.

Louis XV, après avoir mérité avec une acclamation universelle le doux surnom de *bien-aimé*, s'être signalé par les plus hauts faits militaires, se livre à la plus crapuleuse, à la plus honteuse débauche, épuise le trésor de l'Etat, fait perdre à la France sa haute prépondérance parmi les puissances européennes, sème les germes de la terrible révolution de 1789, et meurt dans le mépris comme dans la haine de ses sujets !

C'est toujours avec certitude de succès, que la sagesse et la continence, en fait de rivalité d'armes ou de pouvoir, spéculent sur la débauche et la mollesse des ennemis qu'ils ont à combattre. C'est avec juste raison que les sages Athéniens interdisaient aux hommes prostitués la faculté de haranguer en public ; un homme sans pudeur pourrait-il prétendre à la considération publique ? Scipion, ce fier Romain, endurci à toutes les fatigues de l'art militaire, laisse Massinissa s'enivrer des charmes de la belle Sophonisbe, lui prend son royaume pendant qu'il savoure les douceurs de son amour. L'ambitieuse Soëmes, mère d'Héliogabale, sous le règne duquel les dames romaines commencèrent à jouer un rôle politique funeste, sut bien qu'elle ne pouvait conserver l'empire qu'elle s'était acquis sur l'esprit de cet empereur romain, qu'en l'abandonnant à la plus crapuleuse débauche. Catherine de Médicis, cette reine de France, d'odieuse mémoire, qui sacrifia tout à la dévotion et à l'ambition qui la dévorait, sentit bien, dans son horrible prévoyance, qu'elle ne pouvait tenir en main le timon des affaires, pendant la minorité de ses fils, qu'en leur fournissant elle-même tous les éléments de la crapule la plus honteuse et la plus dégradante. Outre qu'elle n'ignorait point que la débauche rendrait inhabiles à gouverner ces princes nés pour le malheur de la France, elle savait de plus, dit Mercier, que *les passions efféminées servent à développer la cruauté*, et elle environnait ses fils des orgies les plus scandaleuses où figuraient, dans une nudité parfaite, des mignons ou des femmes prostituées, selon que la satiété d'un sexe, suite inévitable de l'extrême libertinage, les portait à chercher de nouveaux moyens de jouissance dans un autre. C'est ainsi que cette reine infâme préparait, de concert avec le pape, l'horrible journée de la Saint-Barthélemy. Le cardinal de Fleury, auquel on ne peut refuser beaucoup de belles qualités, mais qui ne pouvait se défendre de cette ambition, si commune chez les hommes élevés en dignités, sut bien que, comme le cardinal de Richelieu, il ne pouvait conserver un empire absolu sur l'esprit de son royal élève,

Louis XV, qu'en l'abandonnant à la débauche ; aussi prit-il soin de lui fournir de sa propre main la comtesse de Mailly, par laquelle ce monarque entra dans la carrière de la crapule la plus honteuse et la plus révoltante pour une nation qui se respecte.

Ne remarque-t-on pas que les souverains sous le sceptre odieux desquels les nations eurent le plus à gémir furent presque tous des hommes adonnés à la plus dégradante débauche ? Ne voyons-nous pas, au contraire, que le petit nombre des grands hommes nés pour le bonheur des peuples se rendirent édifiants, et par leur sobriété, et par leur continence ? Au nombre des premiers figurent encore ces souverains dont le nom épouvante toujours la terre : Tibère, Caligula, Néron, Domitien, Caracalla, Maxence, etc., ces empereurs romains, affamés du sang de leurs malheureux sujets, et dont plusieurs poussèrent l'impudeur jusqu'à épouser publiquement d'infâmes mignons ; François II et Charles IX, l'exécrable Philippe II, roi d'Espagne, aussi dévot que monstre, sanguinaire et crapuleux, etc., etc. Combien autre, au contraire, est la mémoire des princes qui surent édifier leurs peuples sous le rapport dont il s'agit ici ! Titus, surnommé *les Délices du genre humain*, Trajan, Marc-Aurèle, Sévère, Gordien le Jeune, Gallien, Claude, Aurélien, Dioclétien, etc., etc.

Sans doute, l'on pourrait citer des grands hommes qui, bien qu'ils se soient montrés très sensibles aux charmes du sexe, ont su contribuer puissamment à l'illustration de leur pays. Mais toujours pourra-t-on observer que ces mêmes personnages, en s'adonnant à l'amour, *ne furent jamais subjugués*. Les grands hommes recherchent plutôt auprès des femmes la satisfaction d'un besoin commandé par la nature, et un sujet agréable de distraction dans leurs travaux, que des plaisirs susceptibles de les énerver et d'éteindre l'activité de leur âme. Tels furent les Scipion, les Auguste, les Charlemagne, les François Ier, les Henri IV, les Richelieu, les Louis XIV, les Voltaire, Piron lui-même, l'empereur des Français, etc.

Si nous passons des individus aux masses, nous aurons encore la même occasion de reconnaître les tristes effets de la mollesse et du libertinage sur les hommes. Ainsi 30.000 Macédoniens battent 600.000 Perses, jadis redoutables pour le monde entier, mais rendus mous et efféminés par leurs femmes voluptueuses, qui les suivaient jusqu'aux combats. Rome, plongée dans les délices de la volupté, se voit ravir l'empire qu'elle s'était acquis sur le monde entier par ses vertus militaires.

« *Les empires*, dit l'aigle de l'éloquence, *ne sont jamais plus menacés de décadence que quand ils sont parvenus au plus haut degré de gloire et de félicité.* » Négligeant en effet alors les armes et l'industrie, les citoyens dirigent toutes leurs affections vers les femmes, s'énervent par les plaisirs et tombent à la merci des peuples voisins plus continents et, conséquemment, plus courageux.

D'après la faiblesse excessive qu'entraînent nécessairement des éjaculations trop nombreuses, n'est-il pas évident que la liqueur spermatique amassée dans les vésicules séminales en assez grande quantité pour qu'elle y soit absorbée et portée dans toutes les parties du corps par la voie circulatoire, devient un puissant excitant intrinsèque ? Les caractères physiques et moraux des eunuques et des castrats, les changements remarquables qui s'opèrent quelquefois dans les mœurs d'une nation tout entière par suite d'excès en amour, laissent-ils le moindre doute sur la puissance stimulante de la liqueur prolifique absorbée ? C'est ainsi, dit le docteur Virey, que « le sperme absorbé imprime une activité extraordinaire à toutes les fonctions, tend tous les systèmes, principalement nerveux ; de là viennent la chaleur de sentiment, la force, l'impétuosité que la puberté développe ; de là cette disposition à l'enthousiasme, cette fermentation qu'on remarque dans les jeunes têtes. Mais ces heureuses qualités disparaissent par la profusion abusive du sperme et de la castration. *L'épuisement est une sorte de castration, puisqu'il rend inhabile* aux voluptés des organes flétris par l'excès des jouissances. »

Il est encore deux autres raisons qui peuvent nous rendre compte de l'énervation qui devient le résultat nécessaire de l'excès dans les plaisirs de l'amour : la contraction de l'esprit sur un seul objet, laquelle rend insensible à toute autre pensée ; et l'exercice unique d'un seul ordre d'organes, lequel ne peut avoir lieu qu'au détriment du reste de l'économie, dont il absorbe toute la vitalité, ainsi que nous l'avons amplement démontré en traitant du *satyriasis* dans notre *Véritable Médecine sans Médecin.*

Ainsi, autant la satisfaction modérée des plaisirs sexuels est utile à la santé et au bonheur des êtres heureusement constitués, autant les excès en sont pernicieux, surtout pour les sujets d'une constitution faible ou maladive. Nous nous sommes déjà assez étendu sur les fâcheux effets des profusions séminales excessives, tant sur le physique que sur le moral, pour que nous puissions nous dispenser d'en faire ici dans tout son entier le lugubre tableau, et nous allons de suite tracer les préceptes les plus importants à observer, tant pour ne ressentir que les bienfaits des plaisirs amoureux, que pour se mettre à l'abri de l'épouvantable attirail des maux qu'ils peuvent entraîner à leur suite : 1° Ne se livrer au coït que quand la nature en fait un besoin impérieux, et quand le corps a acquis à peu près tout le degré de force dont il est susceptible ; 2° observer la continence pendant un certain temps, dès que l'on s'aperçoit que les émissions spermatiques tendent à affaiblir l'économie, surtout dans la vieillesse, rien n'étant plus capable d'avancer alors le terme de l'existence ; 3° ne s'y livrer qu'avec la plus grande circonspection, quand on s'adonne aux travaux de cabinet ou à des exercices pénibles du corps, et que l'on ne peut se procurer des aliments suffisamment restaurants ; 4° s'en abstenir complètement, pendant l'écoulement des règles et des lochies, pendant l'honorable fonction de l'allaitement, dans le temps de la grossesse, dans toute maladie tant soit peu grave, et surtout quand les organes sexuels sont le siège de quelque inflammation, soit simple, soit syphilitique (l'on sait que, pour un grand nombre de personnes, l'habitude des plaisirs sexuels devient un obstacle presque invincible à la guérison des affections syphilitiques dont elles peuvent être atteintes) ; 5° enfin, on doit éviter de s'y livrer en cas de plénitude de l'estomac, dans l'état d'ivresse, en cas de faim, et dans toute autre circonstance où le corps offre une faiblesse plus ou moins grande.

CHAPITRE XVII

DE LA FLAGELLATION CONSIDÉRÉE COMME REMÈDE A L'IMPUISSANCE VIRILE

C'est par exception que nous abordons un sujet doublement immoral, puisqu'il est en même temps amoral, — puisqu'il touche autant à la déchéance de l'esprit qu'à la pudeur du corps; — mais il nous était impossible de le passer sous silence. Du reste, nous ne nous étendrons pas très longuement sur la flagellation considérée comme remède à l'impuissance virile ; tout au plus demanderons-nous quelques lignes à cet ouvrage si documenté, *La Flagellomanie*, par M. Marius Boisson (1).

Ainsi s'exprime l'auteur :

« Qu'elle est donc précieuse à l'homme, cette puissance sexuelle qui lui donne toutes les forces, toutes les audaces ! par laquelle il forme les plus hardies entreprises et mène à bonne fin les plus grandioses travaux.

« L'homme devenu impuissant, surtout s'il est intelligent et en pleine conscience de son cas, n'a

(1) 1 vol. du prix de 8 francs. H. Daragon, éditeur.

plus rien à faire dans la vie. Nous avons connu un jeune homme de vingt-trois ans atteint d'une tuberculose des testicules, et qui, se trouvant dans l'alternative de la mort lente et avec impuissance, ou le suicide, préféra la mort brève et se la donna tout de suite par un coup de revolver.

« Ceux que ne guette pas la mort, mais qui sont en état d'impuissance virile, tentent de se régénérer par des moyens populaires et vieux comme l'homme : aliments épicés, cordiaux, élixirs, pilules, massages, flagellations, etc. Mais ils ne parviennent à ressaisir qu'une force momentanée et les manœuvres sont à recommencer continuellement. L'impuissance génésique n'est pas toujours causée par l'épuisement, et les riches débauchés se trompent couramment sur les origines et les causes de la maladie : une fois qu'ils se sont affaiblis dans les excès, ils mangent comme des porcs, pensant se redonner des forces, et les voilà tout étonnés de voir que leur estomac est plus détraqué qu'auparavant. »

Et M. Marius Boisson ajoute :

« Il est des remèdes à l'impuissance, nous les avons nommés plus haut ; parmi ces remèdes, l'électricité est un des plus préconisés par la médecine nouvelle, mais c'est là un remède donné d'une manière sévère et qui ne convient guère aux débauchés ; en outre, les résultats de l'électricité ne sont excellents qu'autant que le traitement aura été suivi pendant un certain nombre de mois et cela ne constitue pas encore d'attraits pour un homme épuisé par les excès, et qui veut retrouver, pour un moment, sa puissance sexuelle. Le traitement électrique se recommanderait surtout aux hommes qui auraient à cœur de devenir pères. Mais l'épuisé moderne se moque de tout ce qui est humanitaire ; il n'a pas le souci du foyer domestique et ne veut pas d'enfants. Si sa virilité est déchue, il la pleure — non pour l'avenir de la race, la perpétuation de sa famille ou le bonheur de son épouse,— mais pour son seul bénéfice sexuel.

« Bénéfice sexuel, tout est là.

. . . .

« Tel est le but de la flagellation ordinaire, que j'appellerai la flagellation utilitaire : l'excitation des sens ; avec l'aide de cette flagellation, l'homme contente à la fois Esculape et Priape ; il obtient, ou à peu près, les résultats de l'électrothérapie par des moyens qui aiguillonnent et titillent sa chair ; en même temps qu'il suit un traitement, il affaire, étonne ou contente ses désirs (1).

Par notre prétention, sans doute quelque peu présomptueuse, mais du moins sincère, d'offrir au public un ouvrage complet, nous nous devions de parler, dans notre traité, de cette question de la flagellation utilitaire en amour.

(1) *La Flagellomanie* (p. 14, 18, 19). — 1 vol. 8 francs.

CHAPITRE XVIII

QUELQUES RECETTES POUR LA BEAUTÉ FÉMININE. LA FRAICHEUR DU BAISER

Comment vous pourrez nettoyer et effacer les meurtrissures des joues, et principalement des femmes, lorsqu'elles ont leur flux (leurs menstrues.)

Oignez l'endroit de céruse, de poudre ou farine de fèves et de vinaigre, mêlez le tout ensemble, ou encore de jaunes d'œufs mêlés avec du miel.
(*Porta.*)

Autres manières de se nettoyer des dames, lesquelles font resplendir, embellir et polir les faces

Prenez de la mie de pain que vous jetterez dans un vase plein de petit lait de chèvre ; vous en tirerez de l'eau dont vous frotterez la face ; c'est le vrai moyen pour faire blanchir et resplendir la face. Le lait d'ânesse servira au même office, car il ôte toutes les rides de la peau, la polit et la rend plus molle et plus délicate. C'est pourquoi Papea Sabina, femme de Néron, menait toujours avec elle cinq cents ânesses et se baignait tout entière dans ce lait. (*Porta.*)

Pour donner une couleur vermeille à la face.

Vous pourrez le faire aisément et sans vous faire découvrir, de sorte que vous tromperez les gens les plus experts, car avec de l'eau claire vous rendrez les joues vermeilles et cette couleur durera longtemps et sera d'autant plus resplendissante que vous vous laverez plus souvent en vous frottant à l'aide d'un drap. Mais voici le moyen à employer, prenez des graines de paradis, de cubèbe, de mûre sauvage, de giroflée, de raclure de brésil et d'eau ardente distillée plusieurs fois ; vous mêlerez le tout ensemble, et lorsque ce mélange aura quelque peu reposé, vous en tirerez de l'eau en le tenant sur un petit feu ou sur du fumier pourri. Vous en mouillerez souvent la face. Toutefois, si vous faites longuement bouillir une ortie dans de l'eau et que vous en laviez le corps, elle le rendra coloré, et plus longtemps vous le ferez, plus la couleur deviendra vermeille. Voici comment vous colorerez les lèvres et les gencives : faites broyer de l'alun, de la graine d'écarlate et de la raclure de brésil, mêlez tous ces ingrédients ensemble, trempez-les dans de l'eau, puis séchez-les au soleil. Vous y tremperez aussi de la soie, à l'aide de laquelle vous frotterez les lèvres et les gencives. (*Porta.*)

Eaux pour farder et embellir la face.

Si vous voulez que la face soit vraiment resplendissante, cuisez des blancs d'œufs jusqu'à ce qu'ils soient très durs, vous en tirerez une eau qui sera fort propre à cet usage, vous le ferez aussi avec du jus de romarin, de la fleur de fève et du jus de limon. Mais il y a encore une eau meilleure et qui a été faite avec un soin extrême. Réduisez le talc en poudre très menue, et mettez-le dans un pot de terre. Vous y ajouterez une grande quantité de limaçons et fermerez le vase, de peur qu'ils n'en sortent. Ces limaçons, privés de leur nourriture ordinaire, dévoreront le talc, et lorsqu'ils auront tout mangé, vous les broyerez avec leurs coquilles et les poserez dans un alambic de verre, vous les ferez bouillir et l'eau ainsi distillée, vous la conserverez pour l'usage de la face. Puis, vous déposerez par trois fois la lie de cette eau dans des endroits ouverts, exposés à l'air, et la remettrez ensuite dans le vase. Vous en tirerez alors de l'huile qui est excellente pour les cheveux

(*Porta.*)

Pour ôter les ordures blanches de la face, qui sont comme des peaux mortes.

Les femmes pourront s'y prendre de cette façon : qu'elles prennent un fiel de vache, de bouc et de chèvre, et qu'elles les mêlent tous trois avec de la poudre de verre. Qu'elles en oignent leur face, cela la purgera de toutes les peaux mortes qui s'y trouvent. De même, le jus de la saponaire nettoie toutes les taches qui enlaidissent si souvent la figure des femmes.

(*Porta.*)

De quelques poudres pour frotter et blanchir les dents.

Les poudres que jadis les anciens préparaient et qui passaient pour excellentes, se composaient de coquilles et de cornes de pourpres brûlées ; mais nous vous indiquerons un autre moyen d'arriver au même résultat. Prenez des miettes de pain brûlé, de la poudre de pierre ponce, de corail rouge, des os de têtes desséchés, de corne de cerf et autres choses semblables, dont chacune a la vertu de nettoyer les dents, et de tous ces ingrédients, vous ferez une composition. Vous pourrez encore frotter vos dents de graine d'écarlate et de pourpre. Toutefois, il vaudra mieux encore de les frotter d'huile de soufre, car elle polit et ôte toute tache. L'eau d'alun et le sel, distillés, ont le même effet.

(*Porta.*)

Pour faire en sorte que les têtons ne croissent.

Broyez de la ciguë et posez-en le marc avec du vinaigre sur le téton de la pucelle, et la vertu de cette herbe le restreindra et l'empêchera de croître, principalement durant sa virginité. Vous pourrez rendre dures les mamelles molles et flasques, de la façon suivante. Prenez de l'argile blanche, le blanc d'un œuf, une noix de galle, du mastic et de l'encens ; broyez tout cela et le mettez dans du vinaigre chaud et frottez-en les mamelles pendant un jour entier. Si l'opération ne réussit pas du premier coup, il faudra la renouveler. Les noyaux de nèfles, les sorbes non mûres, les prunes sauvages, l'écorce de grenade, la fleur du grenadier sauvage, les pommes ou noix de pin non encore mûres, les poires sauvages et le plantain, tout cela bouilli dans du vinaigre et appliqué sur les mamelles, les empêche également de croître. (*Porta*) (1).

Pour que les rides du ventre de la femme disparaissent après les couches.

Faites cuire longtemps des sorbes vertes dans de l'eau, et mêlez-y le blanc d'un œuf ; puis faites-y dissoudre de la gomme arabique. Trempez un linge dans cette préparation et appliquez-le sur le ventre de la femme. Vous pouvez encore faire autrement. Prenez de la corne de cerf, de la pierre appelée amiante, vulgairement appelée alun de plume, du sel ammoniaque, de la myrrhe et du mastic, et réduisez le tout en poudre, puis appliquez-le, mélangé à du miel, sur le ventre, cela enlèvera toutes les rides. Mais si

(1) 1 vol. 15 francs.

vous voulez rétrécir la porte de nature, c'est-à-dire la vulve, parce qu'elle s'est élargie à la suite de l'enfantement, et si d'aventure cela déplait au mari, vous vous y prendrez ainsi : pilez des noix de galle bien menu, ajoutez-y un peu de poudre de girofles, laissez bouillir cela dans du vin. Trempez-y alors un drap et appliquez celui-ci sur la vulve. Si vous voulez rétrécir les vulves des paillardes et des femmes de bas étage, vous vous y prendrez ainsi : prenez des noix de galle, de gomme, d'alun, du sang-de-dragon, de la fleur de grenadier sauvage, du lentisque, du cyprès, des grains de raisin, des côtes ou écorces de glands, ou de ce petit calice concave dans lequel le gland naît et se tient et d'où sort l'arbre futur, du mastic et du limon et faites cuire toutes ces choses dans du vin rouge ou dans du vinaigre, et mouillez-en souvent la vulve qui, par ce moyen, se rétrécira beaucoup. Ou autrement encore, réduisez ces ingrédients en poudre et faites-les passer dans la vulve à l'aide d'une canule. Mais si vous voulez rendre à une femme sa virginité, faites-lui des pilules de la manière suivante. Prenez de l'alun brûlé et du mastic, ajoutez-y un peu de vitriol ou couperose et réduisez tout cela en poudre si menue qu'elle devienne pour ainsi dire impalpable. Faites-en alors des pilules avec de l'eau de pluie, émincissez-les en les tournant entre les doigts et puis laissez-les sécher. Appliquez-les ensuite sur la vulve, à l'endroit même où se pratique le plaisir de l'amour, c'est-à-dire au clitoris, là où l'hymen de la vierge aura été rompue et déflorée, les changeant de six en six heures et les imprégnant constamment d'eau de pluie ou de citerne. Çà et là se produiront de petites vessies, lesquelles, en crevant, amèneront un afflux de sang qui rétablira l'endroit endommagé, de telle sorte qu'on aura de la peine à s'y reconnaître. D'autres appliquent une sangsue à la vulve violée, celle-ci la mord et laisse une légère cicatrice qui, étant frottée, amène le sang à la surface, rétablit les menstrues et rétrécit la vulve.

(*Porta.*)

Pour faire pâlir une face fardée, ou connaître si elle l'est.

Mâchez du safran à belles dents et approchez-vous de la bouche de la femme en causant avec elle, et soyez sûr que la chaleur de votre haleine fera que sa figure deviendra jaunâtre ; mais si elle ne s'est mis aucun fard, sa figure ne changera pas de couleur.

(*Porta.*)

Secrets tirés du livre de Cléopâtre.

Cléopâtre, reine d'Egypte, fut, comme chacun sait, la femme la plus extraordinaire de son temps et peut-être de tous les temps. Médiocrement belle, elle sut cependant se faire aimer par les deux plus grands hommes de cette époque, Jules César et Marc Antoine. Ce dernier surtout l'aima jusqu'à l'adoration, à un âge où les autres femmes, et les plus belles, ont ordinairement cessé de plaire ; car elle avait plus de quarante ans lorsqu'il perdit l'empire du monde pour n'avoir pu se soustraire à la domination de cette femme.

Ce n'est donc ni par sa beauté, ni par sa jeunesse qu'elle a conquis le cœur de ces deux grands capitaines, mais bien par les philtres secrets et vertus mystérieuses auxquelles elle avait été initiée dès son adolescence par les prêtres égyptiens et qu'elle a étudiés toute sa vie avec une louable persévérance. Elle a connu par ce moyen plusieurs secrets merveilleux dont elle a fait souvent l'expérience et qu'elle a recueillis, de peur qu'ils ne se perdissent, dans un grand ouvrage composé par elle et écrit en entier de sa main, dont les copies et extraits sont parvenus jusqu'à nous. C'est dans quelques-unes des copies que nous avons recueilli, après en avoir compulsé un grand nombre, les secrets les plus admirables et les philtres les plus puissants ; du reste, nous avons répété les expériences sur toutes ces choses et nous n'avons rien transcrit qui n'ait été plusieurs fois expérimenté par nous et nos amis. Ce que nous disons ici pour le livre de Cléopâtre doit s'entendre de toutes les formules et recettes que nous publions, de quelque endroit qu'elles soient tirées ; nous avons même éprouvé celles du Grand Albert, non que nous ayons douté de leur efficacité, mais pour nous assurer que nous avions bien compris et qu'il ne s'était glissé aucune erreur dans notre traduction (1).

(1) *Le Livre Rouge*, 1 vol. 5 francs.

Pour conserver la beauté des femmes.

Prenez tous les matins de la chair de veau fraîchement tué à l'heure où domine Uranus, coupez-la par tranches très minces et posez-la sur les joues, les yeux et généralement tous les endroits sensibles que vous voulez empêcher de se flétrir ; laissez-la pendant trois quarts d'heure, et les endroits ainsi protégés ne se flétriront pas, même dans un âge très avancé.

Pour conserver la peau, et particulièrement celle des mains, souple, fine, blanche et agréable au toucher.

Prenez de la liqueur dite eau de cylise, connue des anciens philosophes sous le nom d'Akarlm, laissez-la exposée pendant trois nuits, dans un vase découvert, aux influences d'Uranus, de Mars et de Vénus, puis, pendant vingt-quatre heures, à celles du soleil ; alors, vous la retirerez et en mêlerez quelques gouttes à du lait frais de vache ou de chèvre, mais préférablement de jument, puis, au bout de cinq minutes, vous laverez avec ce mélange les mains ou telle autre partie.

Pour qu'une femme soit contente de son mari.

Il est écrit dans le livre de Cléopâtre qu'une femme qui n'est pas contente de son mari comme elle le souhaiterait n'a qu'à prendre la moelle du pied gauche d'un loup et la porter sur elle, il est certain qu'elle sera satisfaite selon son désir et qu'il n'aimera qu'elle seule, aussi longtemps qu'elle n'aura pas touché à l'orçille d'un mulet ou à celle d'un eunuque, ou à la corne d'un bœuf ou de tout autre animal impuissant.

Pour faire dire à une jeune fille tout ce qu'elle a fait.

Pour faire dire à une jeune fille ou à une femme tout ce qu'elle a fait, qu'on prenne le cœur d'un pigeon et la tête d'une grenouille, et après les avoir fait sécher, on les réduit en poudre et on les met sur l'estomac de celle sur qui l'on veut expérimenter, pendant qu'elle dort, on lui fera dire alors tout ce qu'elle a dans l'âme. Quand elle aura dit tout ce qu'on veut savoir, il faut enlever avec précaution ce qu'on avait posé au creux de l'estomac, de peur qu'elle ne s'éveille ou qu'il n'arrive quelque accident.

Pour savoir si une femme est infidèle.

Il est à peu près certain que si l'on met en temps convenable un diamant fin sur la tête d'une femme qui dort, on connaît si elle est fidèle ou infidèle à son mari, parce que, si elle est infidèle, elle s'éveille en sursaut, au contraire, si elle est chaste, elle embrasse son mari avec affection.

L'expérience faite par plusieurs personnes de notre connaissance a toujours réussi à moins de circonstances extraordinaires.

Pour rendre une femme féconde.

Si une femme ne peut concevoir, qu'on lui fasse boire du lait d'une jument et ensuite qu'un homme plus jeune qu'elle la connaisse, elle concevra aussitôt.

Pour empêcher une femme d'être infidèle.

Si l'on veut empêcher qu'une femme devienne infidèle à son mari, qu'on prenne une mèche de ses cheveux, les plus longs ; les ayant fait brûler sur des charbons ardents, qu'on en jette la cendre sur un lit, une couchette, un sopha ou un meuble quelconque que l'on aura auparavant frotté avec du miel, et que son mari l'y connaisse le plus tôt possible, elle ne pourra aimer que lui après cela et ne trouvera nul plaisir à être courtisée par un autre.

Pour rendre la puissance à un homme qui l'a perdue.

Prenez de la graine de la plante appelée bardane, écrasez-la dans un mortier, joignez-y le testicule gauche d'un bouc de trois ans, une pincée de poudre provenant des poils du dos d'un chien entièrement blanc, que vous aurez coupés le premier jour de la nouvelle lune et brûlés le septième ; vous mettrez le tout infuser dans une bouteille à moitié pleine d'eau-de-vie et que vous laisserez débouchée pendant vingt et un jours pour qu'elle reçoive l'influence des astres. Le vingt et unième jour, qui sera justement le premier de la lune suivante, vous ferez cuire le tout jusqu'à ce que le mélange soit réduit à l'état de bouillie très épaisse, alors vous y ajouterez quatre gouttes de semence de crocodile, recueillie à une heure convenable, et vous aurez soin de passer le mélange à travers une chausse. Après avoir recueilli le liquide qui en découlera, il n'y aura plus qu'à en frotter les parties naturelles de l'homme impuissant et sur-le-champ il fera des merveilles. Ce mélange est tellement actif qu'on a vu des femmes devenir enceintes rien que pour s'en être frotté les parties correspondantes, afin d'en enduire l'homme sans qu'il s'en doutât. Comme il est assez rare de voir des crocodiles dans notre pays et qu'il est très difficile de se procurer de la semence de cet animal, on peut la remplacer par celle de plusieurs espèces de chiens. Cléopâtre prétend que la cause de la possibilité de cette substitution est l'admirable adresse avec laquelle le chien sait éviter d'être dévoré par les crocodiles dont ce fleuve est rempli. Quoi qu'il en soit, on a fait et répété très souvent cette expérience, et elle a toujours bien également réussi, soit avec la semence de chiens, soit avec celle des crocodiles.

Pour se faire désirer des femmes.

Il faut prendre le cœur d'un pigeon vierge et le faire avaler par une vipère ; la vipère en mourra à cause de l'emblème de vertu et d'innocence qu'est le pigeon, tandis qu'elle est l'emblème de vice et de calomnie ; donc la vipère mourra dans un temps plus ou moins long ; prenez alors sa tête, faites-la sécher jusqu'à ce qu'elle n'ait plus d'odeur, alors écrasez-la dans un mortier avec le double de graine de chênevis et buvez la poudre qui en proviendra dans un verre de vin de quatre ans, auquel vous aurez mêlé quelques gouttes de l'extrait d'opium connu sous le nom de *laudanum ;* alors votre teint deviendra éclatant, vos lèvres rosées, et toutes les femmes vous désireront, quel que soit votre âge. Ceci est infaillible, et l'expérience en réussira toujours, pourvu qu'elle soit faite en jours et heures convenables.

Pour une femme qui veut se faire aimer d'un homme.

Cléopâtre a écrit sur ce sujet tout un long chapitre, dans lequel elle donne plus de trente recettes pour arriver au même résultat. Nous les avons toutes consultées et expérimentées successivement et comparées à celles que nous avons trouvées dans Albert-le-Grand, et il est résulté de nos expériences, qui s'accordent avec les observations d'Albert, que la vingt-septième recette du livre de Cléopâtre est préférable en cet état à tout ce que l'on a imaginé pour arriver au même résultat. Elle est simple et facile à pratiquer en tous pays et toute saison.

Prenez de la barbe de l'homme duquel vous voulez être aimée, autant que possible près de l'oreille gauche, et procurez-vous une pièce de monnaie d'argent qu'il ait portée au moins un demi-jour. Mettez bouillir l'un et l'autre dans un vase de grès neuf, plein de vin ; vous y jetterez de la sauge, de la rue ; au bout d'une heure, vous retirerez la pièce de monnaie. Quand vous voudrez faire l'expérience, vous la prendrez dans la main droite, vous irez auprès de l'homme dont vous voulez être aimée, vous prononcerez ces mots : *Rose d'amour et fleur d'épine*, assez haut p[illegible] qu'il l'entende, puis vous lui toucherez légèrement l'épaule gauche, et il vous suivra partout où vous irez. N'oubliez pas qu'il est nécessaire que le vase de grès reste près du feu, parce que l'ardeur de l'homme se mesure à la chaleur du vin. Dans les cas où le vin viendrait à se répandre, il pourrait se porter aux dernières extrémités.

Pour qu'une femme ne conçoive pas

Une femme qui boit chaque mois, le lendemain du jour où ses ordinaires ont cessé, un verre de l'urine d'une mule, ne concevra pas.

QUELQUES RECETTES UTILES... ET NECESSAIRES

CONCERNANT LA FRAICHEUR DE LA BOUCHE, CONSÉQUEMMENT CELLE DU BAISER

Pommade pour les lèvres.

Vous placerez sur un réchaud de feu, dans une terrine, une demi-livre d'excellent beurre frais et 64 grammes de cire vierge, vous y ajouterez les grains d'une grappe de raisins noirs fort mûrs et quelques bâtons d'orcanette. Lorsque le tout sera fondu, vous écraserez doucement les grains de raisins, et ferez bouillir cette composition l'espace d'un quart d'heure ; vous passerez ensuite le tout dans un linge bien serré ; vous verserez dans la pommade, que vous remettrez sur le feu, une cuillerée d'eau de rose, et l'ayant fait bouillir quelque temps, vous l'ôterez du feu et la mêlerez insensiblement jusqu'à ce qu'elle soit refroidie ; alors, étant bien enfermée, elle se conservera dans toute sa pureté, et sera parfaite pour les gerçures des lèvres.

Lotions pour raffermir les gencives et corriger l'haleine.

Prenez un verre de vin d'Espagne, eau de feuilles de ronces distillée 100 grammes, 16 grammes de cannelle, 4 grammes de clous de girolles et 10 grammes d'écorce d'orange amère, gomme laque, alun calciné, de chaque 4 grammes ; réduisez le tout en poudre, ajoutez 65 grammes de miel de Narbonne, mettez le tout dans une bouteille de terre, que vous placerez sur les cendres chaudes, pour que ce mélange infuse pendant quatre jours ; le cinquième, vous passerez cette liqueur à travers un linge épais, et vous la conserverez dans une bouteille bien bouchée.

Lorsque les gencives ont besoin d'être raffermies, on prend une cuillerée de cette liqueur que l'on verse dans un verre ; on en emploie d'abord la moitié à se rincer la bouche, et on la garde pendant quelque temps, ensuite on la rejette, et l'on prend l'autre moitié que l'on garde dans sa bouche, suivant que les gencives ont plus ou moins besoin d'être fortifiées ; on les frotte avec le doigt ; on réitère cette opération matin et soir pendant quelque temps.

Pour enlever la mauvaise odeur des dents cariées, pilez de la quinte-feuille, faites-en tiédir le jus, et frottez-vous les gencives avec. Cette plante est vivace, à fleur rosacée, la racine est astringente fébrifuge.

Deuxième recette.

Mettez un litre d'eau dans un pot de faïence, plongez-y quatre fois un fer épais rougi au feu, mettez aussitôt 32 grammes de cannelle concassée, 6 grammes d'alun calciné, 6 grammes d'écorce de grenade en poudre, 32 grammes de miel de Narbonne, 90 grammes des eaux distillées de myrrhe de Roure, 120 grammes de rhue et d'eau vulnéraire, un quart de litre d'eau-de-vie ; tout étant mêlé, vous boucherez exactement le pot pour le laisser infuser au soleil, ou dans un lieu extrêmement chaud, pendant vingt-quatre heures ; l'infusion finie, passez cette liqueur dans un linge épais. Ajoutez-y 65 grammes de cochléaria, repassez-la en serrant très fortement et conservez dans une bouteille bien bouchée, pour vous en servir de la même façon que de la lotion précédente.

Poudre rouge pour les dents.

Prenez de la poudre d'iris de Florence, crême de tartre, alun brûlé, de chaque 32 grammes, girofles, muscades, sang de dragon, corail rouge préparé, de chaque 8 grammes ; mêlez le tout ensemble, et réduisez en poudre très fine.

Deuxième recette

Prenez des feuilles de sauge et des fleurs de roses rouges, de chaque une petite poignée, 16 grammes de racine d'iris, 12 grammes de bois de gayac et de mastic (gomme-résine), 4 grammes de myrrhe et de cannelle, 24 grammes de pierre ponce préparée et de corail rouge bien pulvérisé, 16 grammes de santal rouge ; mêlez et mettez le tout en poudre.

Cette poudre sert à nettoyer et à blanchir les dents et à les tenir propres, à prévenir les inconvénients qui peuvent survenir par le tartre autour des dents. On s'en sert avec une petite brosse que l'on mouille afin que la poudre s'y attache et on s'en frotte les dents ; ensuite on se lave la bouche avec un peu d'eau dentifrice ou hygiénique.

Poudre dentifrice.

Prenez du bois de romarin que vous brûlerez, jetez les charbons tout enflammés dans du vinaigre rosat, laissez-les tremper pendant vingt-quatre heures ; ensuite, faites sécher au soleil cette préparation, et, le lendemain, vous passerez bien le tout dans un linge ; il est nécessaire, après l'infusion, de piler le charbon avant de le mettre de nouveau infuser au soleil. Vous frotterez vos dents de cette poudre qui les fortifiera.

Liqueur de gayac

On prépare l'eau-de-vie de gayac en faisant infuser 100 grammes de sciure de ce bois dans un litre d'eau-de-vie, pendant dix à douze jours, ayant soin d'agiter le litre de temps en temps. Au bout de dix jours, on filtrera la liqueur ; on s'en gargarisera la bouche. Pour guérir les inflammations de la bouche, elle est on ne peut plus salutaire.

(D'Herbenoire.)

Pour rétablir la peau ridée du ventre des jeunes femmes après plusieurs accouchements

Vous composerez une pommade avec de la térébenthine de Venise, du lait de feuilles d'asperges, du fromage blanc de vache qui soit aigri, et de cristal minéral ; puis, ayant frotté le ventre avec une petite éponge imbibée de jus de citron, on appliquera un emplâtre de ladite pommade sur le ventre, et l'on recommencera ce secret plusieurs fois, et on aura contentement.

(*Petit Albert*) (1).

(1) *Les Secrets merveilleux du Grand et du Petit Albert.* — 1 vol. 3 fr. 50.

CHAPITRE XIX

LA SCIENCE DES CARESSES

Que d'hommes et de femmes séduisants, propres à inspirer l'amour, et qui, une fois unis par le mariage ou d'autre manière non sacrée, sont impuissants à conserver cet amour qu'ils ont suscité !

Le fait est assez constant même que ces êtres dont on s'éprend si vite, déçoivent ceux qu'ils ont enlacés à leurs cœurs.

Pour quelle raison ?

Pour une raison qui est bien simple. C'est que leur séduction était toute naturelle, et qu'il leur manquait une science *artificielle* grâce à laquelle ils eussent conservé ce qui leur était spontanément offert ; cette science peut être celle de l'effacement, de la soumission, des prévenances, de la douceur. Elle est aussi, et plus souvent, la science des caresses que tant d'hommes et tant de femmes ignorent.

Un bon époux, une épouse parfaite, doivent connaître certain effacement, certaine soumission, certaines prévenances, certaine douceur autres que ceux du caractère, et qui touchent à l'intimité sexuelle.

Pour mieux nous faire entendre, nous aurons recours à une citation empruntée à la si belle anthologie amoureuse de M. Marius Boisson, l'*Anthologie des Baisers*, en cinq volumes correspondant aux cinq parties du monde, plus un supplément (1).

Les pages qui suivent, trouvées par M. Boisson dans le Dr d'Orbec (*La Froideur chez la Femme*, Michel, éditeur), sont au tome III de l'*Anthologie Universelle des Baisers*, volume consacré à la France.

La poésie des caresses.

« Malgré ce discrédit flagrant où la pratique constante, facile et satisfaite de l'amour a fait tomber, aux yeux du monde, ce bienfait du cœur et des sens, ni la femme ni l'homme ne sauraient se résigner à accomplir les actes amoureux avec la sécheresse et la monotonie que l'on met dans l'accomplissement de la généralité des actes organiques.

« Mantegazza dit quelque part que le mariage, c'est *l'amour en bouteille*. Ce n'est là qu'une boutade et que, sous la plume de cet exquis philosophe, il serait maladroit de prendre à la lettre.

« On ne saurait mettre l'amour en bouteille.

(1) Cinq volumes à 10 francs comprenant chacun de 300 à 370 pages de texte, et un frontispice gravé. H. Daragon, éditeur, Paris. — Prix : 50 francs.

Les époux les plus rassis ne se contenteront pas d'accomplir l'acte d'amour sans apprêt, avec banalité, sans rechercher à le rendre plus amoureux que les autres fois, sans l'agrémenter de quelqu'une des délicatesses que la fréquence des unions et l'habitude des contacts enseignent à l'homme comme à la femme.

« Vous me direz : « Mais cela est surtout de la perversion ! Erreur. Cela n'est que de la poésie, une poésie enfantine, idolâtre, qui est réellement comme une parure coquette de l'amour.

« La caresse n'est pas seulement le propre de l'homme. Les animaux eux-mêmes, avant l'accouplement décisif, folâtrent, se font des grâces, s'efforcent de rendre leur approche attrayante.

« L'homme et la femme sont favorisés en ce sens qu'ils peuvent conserver à leur amour une brillante mise en scène. La voix, le geste, l'expression de la physionomie, le langage qui se fait aussi caressant que le geste : tout cela constitue réellement un arsenal de coquetteries troublantes et irrésistibles lorsqu'elles sont bien appropriées.

« Lorsqu'une femme rencontre un homme qui lui plaît et à qui elle sait plaire, l'idée lui vient immédiatement à l'esprit du plaisir qu'elle trouvera à s'unir à lui ; elle sera charmée et attirée, dès les premières avances, par le *pressentiment* de la volupté que cet homme est susceptible de lui procurer. Elle s'unit à lui virtuellement. Pourtant, elle ne se donnerait pas ainsi, sur-le-champ, sommairement. Il lui faut des enjolivements amoureux, des caresses ; il lui faut aussi cette espèce de ravissement que procure le talent préparatoire de l'amoureux.

« La caresse fait partie de l'amour en ce qu'elle est destinée à lui apporter des raffinements susceptibles d'asservir plus étroitement l'imagination au plaisir que recherchent les sens.

« La caresse n'est pas seulement l'effleurement des épidermes, cette exploration charnelle à laquelle se livrent les amoureux dans l'espoir de faire naître et d'exalter le désir sous leurs doigts quémandeurs ou sous la rosée de leurs baisers.

« C'est un hommage rendu à la personne aimée. Il y a des regards qui sont plus troublants que des attouchements, car ils expriment davantage ; ils traduisent sans brutalité matérielle, mais parfois, pourtant, avec une surprenante vigueur, l'entraînement des êtres les uns vers les autres.

« Les paroles sont aussi des caresses qui font rougir, défaillir de désir ou de volupté.

« Lorsqu'un artiste entreprend de représenter une scène amoureuse, il ne se risque pas à montrer l'homme et la femme dans l'accomplissement de l'acte génital qui correspond, pour le commun, au degré de volupté le plus complet ; il se contente de les rapprocher dans l'échange des caresses délicates, — la main dans la main, les bouches rapprochées, la femme sur le cœur de l'homme , les yeux dans les yeux. — comme si la caresse était justement la plus lumineuse expression artistique de l'amant.

Docteur d'Orbec (1).

(1) 1 vol. in-18, 3 fr. 50.

Il faut se raisonner.

« Se raisonner en amour, c'est, en général, par un singulier contre-sens, s'insurger, avec toutes les ressources de l'imagination, contre les données dépoétisantes de la raison. Puisque, bien souvent, l'imagination nous porte à aimer contre tout bon sens, contre toute logique, pourquoi ne nous ramènerait-elle pas, de la même façon, vers ce qui doit être l'objet naturel de notre amour ?

« Il faudrait pour cela, prétendez-vous, que chacun pût dominer son égoïsme et ses caprices. A la vérité, on incline à soumettre l'amour à un fatalisme tellement rigoureux que nul de ceux qui en ont souffert ne suppose que l'on puisse échapper à sa férocité. Les plus sceptiques sont frappés comme les autres, et l'immense documentation de la psychologie moderne ne procure guère aux amoureux contrits, d'espoirs de consolation ni de remèdes à leur misère.

« La femme qui s'est sentie indifférente aux baisers de son mari ou de son amant, a vite fait de constater : « C'est fini ! » Le plus triste, c'est qu'en constatant que « c'est fini » avec l'un, elle songe qu'il serait agréable que *cela commençât* avec un autre. Sa frigidité n'est donc que relative ; elle ne se sent froide que pour l'amoureux déchu, ou, comme on dit, passé-fleur. Elle ne se fait même pas faute de reconnaître que c'est à ce dernier seul qu'elle doit imputer sa frigidité. La vérité, c'est qu'il n'y a plus rien entre eux : voilà qui est fâcheux, mais irrémédiable. Et elle se laisse aller, sur la pente fatale où elle est entraînée, vers les aventures plus ou moins folles qui devront rallumer en elle ce que l'autre a éteint.

« Si, à ce moment-là, le délaissé a assez d'esprit pour comprendre la situation, il pourra se livrer à une petite besogne profitable qui consistera à s'effacer pendant quelque temps ou, du moins, à sacrifier son propre plaisir pour satisfaire quelques-uns des plus chers caprices de sa femme. Il aura pour elle des attentions inaccoutumées, mais sans laisser paraître de servilité ; il lui procurera des distractions, la sortira, la mènera dans le monde où elle aura des succès et où il se montrera lui-même empressé auprès des autres femmes. Mais, surtout, il ne laissera pas paraître la moindre jalousie, pas plus qu'aucun accès de mauvaise humeur. Et puis, une femme quelle qu'elle soit, a ses heures de faiblesse. C'est à ces moments-là qu'il faudra s'emparer d'elle, la ressaisir, procurer à son tempérament des apaisements, vigoureux ou raisonnés selon le cas, lui révéler une subtilité amoureuse qu'elle ne soupçonnait pas.

« Mais il ne faut pas que la femme s'entête, de propos délibéré, dans son dégoût, ni qu'elle subisse l'impression que ce dégoût ne fera qu'empirer, que c'en est fini de l'amour et du plaisir. Qu'elle remonte le cours des années, qu'elle se dise que l'homme délaissé aujourd'hui, fut aimé jadis et trouva des paroles ou des baisers qui triomphèrent longtemps de toutes ses pudeurs, que c'est lui qui émut en elle cette faculté de rêver et de jouir qui la porte peut-être, à l'heure actuelle, vers d'autres hommes qu'elle suppose plus attrayants parce qu'elle ne les a pas éprouvés.

« Qu'elle considère toutes celles que la folie du désir a écartées de leur devoir amoureux, les épouses déchues, celles qui passent de bras en bras, celles dont la perversité ou la débauche hypocrite ont flétri les traits, tout le cortège des folles, des impudiques et des égarées.

« Cette vision lui apprendra, sans doute, que cet amour qu'elle est tentée, aujourd'hui, de trouver fastidieux, a cependant une dignité secrète ; elle s'attendrira probablement sur le compte de l'homme à qui elle le doit, et, si elle est tourmentée par ses sens bouillonnants à l'évocation d'amours moins paisibles, elle saura l'implorer pour obtenir de lui des caresses nouvelles et mieux appropriées à son désir.

Attitudes favorables.

« Une habitude, basée sur des siècles de pratique, veut que, dans l'acte sexuel, la femme soit *passive* et l'homme *actif* et que le coït se pratique, l'homme se plaçant sur la femme, face contre face. C'est le mécanisme dit naturel, le seul que les Pères de l'Eglise autorisent, à l'exception pourtant de saint Thomas, qui consent à y introduire quelques variantes pour des cas particuliers.

« La raison de la faveur accordée à cette position est que, paraît-il, elle est la plus favorable à la fécondation, raison d'être du coït. Sans nous attarder à discuter cette assertion, très discutable, nous n'envisagerons ici que les attitudes les plus aptes à augmenter l'orgasme vénérien.

« Il nous suffira de rappeler que dans les cas de grossesse, obésité, la position naturelle devient presque impraticable, mais ce ne sont là que des entorses passagères données à une loi générale.

« Si les lois morales veulent que la fécondation soit le but de tout coït, nous devons reconnaître que, la plupart du temps, le résultat cherché est tout autre. L'intensité du plaisir, qui devrait être égale pour l'un et l'autre protagoniste, dépend de beaucoup de facteurs : affection, préparation, façon de faire, tempérament, etc.

« On se représente par là, que souvent la femme, en présence d'un compagnon insuffisament expérimenté ou trop prompt au plaisir, soit obligée d'intervertir l'ordre des facteurs, et de passive qu'elle devrait être, se faire active. Dès lors, elle prend, pour ainsi dire, la place de l'homme en se mettant sur lui. Cette position est éminemment favorable au plaisir pour la femme, car il lui est loisible de produire, par des mouvements spéciaux, qu'elle rythme à son gré, une excitation de son clitoris, contre la base du membre viril.

« De même, la position *a retro* permet parfois à la femme d'éprouver un spasme plus violent. L'intromission de l'homme s'y fait d'une façon plus complète, et, de plus, toute la partie antérieure du corps de la femme se trouvant libre, il est facile à des maris experts, dit Ambroisius, « d'user de cet avantage pour exciter habilement les seins ou le clitoris ».

« Les positions immobilisantes, comme *sur le côté*, ou fatigantes, comme *debout*, sont, en général, moins propres à procurer une sensation profonde, par suite de l'engourdissement ou de la fatigue qu'elles causent.

« Mais il est difficile, en pareille matière, de fixer des règles générales. Chacun apporte son contingent d'ingéniosité et de fantaisie, et quand, après avoir parcouru le cycle des attitudes diverses, on aura enfin trouvé la bonne, il faudra s'y tenir ; ce sera toujours la meilleure.

L'appropriation et le profit des caresses.

« On a dit que toute caresse sans conséquence risque de diminuer le pouvoir de l'homme sur la femme. Le grand art de l'amoureux est, en effet, d'approprier sa caresse aux diverses circonstances de son amour. La femme, même au cours des petites escarmouches que lui livre le désir masculin en dehors du mariage, n'aime pas que son amoureux perde du temps.

« L'amour de tête des cérébrales, des mystiques, est toujours imparfait, et il n'est même qu'une dérivation de l'amour normal, caractérisé qu'il est par les pertes de temps qu'il comporte, les divagations et la désharmonie entre la passion qu'il affecte et la matérialité des caresses qu'il recherche ou qu'il accorde.

« La femme, qui, par pudeur naturelle, n'aime pas à être caressée par l'homme sous les yeux des étrangers, ne trouve rien de plus ridicule que l'abus des phraséologies lorsqu'elle est isolée avec son amoureux. Si elle accueille les déclarations, c'est parce qu'elle y voit une transition, un acheminement vers la caresse elle-même.

« Elle pardonnera plus volontiers, et elle pardonnera toujours une caresse audacieuse, un baiser brutal, que la timidité qui se résout en phrases vagues et impuissantes.

« Elle reconnaît une sorte de courage digne de son admiration à l'homme qui, transporté d'amour à son contact, cède à la folie du désir, dût-il se rire des bienséances et se jouer des pudeurs. D'autant plus que le galant téméraire doit savoir qu'il peut toujours compter sur un pardon.

« Les caresses préliminaires, qui sont la monnaie des premières concupiscences, ne sont pas inutiles au développement de l'amour. De la part de l'homme elles témoignent du désir de possession ; de la part de la femme, elles traduisent l'acquiescement à l'abandon. Ces caresses commencent par les effleurements hypocrites, les complaisances ou les insitances du toucher, sans violence, comme par hasard. Les amoureux recherchent ou acceptent, sans s'y soustraire, toute occasion de rapprocher leurs corps, puis ils mettent peu à peu une gourmandise voluptueuse à se procurer, par contact mutuel, les frémissements sensuels qui sont déjà du délire amoureux.

« Mantegazza analyse quelque part, avec une admirable pénétration, les exquises sensations qui peuvent naître de l'union intime de la pensée et du sentiment par l'étreinte de deux mains et par deux regards qui se confondent.

« Mais ces caresses ne doivent pas devenir fastidieuses, ce qui arriverait inévitablement si, l'union étant possible, les amoureux s'en tenaient toujours à ces petites manœuvres d'avant-garde. Elles ne seraient bientôt plus que la fausse monnaie de l'amour.

« De même que, dans l'histoire d'un amour, l'homme et la femme ont d'abord échangé des caresses, dont le caractère familier et l'intention voluptueuse ne se sont précisés que progressivement, de même les caresses resteront, dans tout le cours de la carrière des tendresses, les hors-d'œuvre destinés à éveiller l'appétit charnel.

« Les hommes et les femmes d'une intellectualité délicate, d'une sensibilité raffinée, apprécient les caresses pour elles-mêmes, c'est-à-dire qu'ils leur trouvent un charme spécial que n'ont pas les voluptés plus profondes. Les êtres de tempérament négligent souvent ces entreprises secondaires de l'amour où ils ne voient que des politesses banales ou hypocrites. Ce qu'il leur faut, c'est l'acte formel, absorbant, total.

« C'est par leur art à distribuer les caresses et le goût qu'elles y prennent, que beaucoup de femmes se révèlent d'admirables amoureuses. La sensuelle, perpétuellement en activité utérine, est moins portée que la femme plus équilibrée, à raffiner ses jouissances : elle analyse et sublime moins ses états charnels, et la brutalité des sensations auxquelles elle aspire la porte à méconnaître le prix des effleurements aguichants et des baisers capiteux.

« Etudiez-vous à savourer le bien-être que procurent les caresses. Voyez-y des invitations du désir et suivez-en la gradation. Montrez-vous en flattée et abandonnez-vous aux frissons qu'elles font naître Dès que l'on comprend les caresses, on en tire un profit sensuel. Nombre d'entre vous ne sont devenues caressantes que pour avoir été caressées ; c'est par là que leur sensibilité s'est développée, que leur faculté de goûter l'amour s' est révélée, qu'elles sont sorties de l'état frigide.

Docteur d'Orbec. (1).

(1) (*La Froideur chez la Femme*), 1 vol. 3 fr. 50.

CHAPITRE XX

PUISSANCE DE LA PRIÈRE

Nous parlions, au début, de la magie blanche. Cette magie blanche consiste entièrement dans la prière. A la condition d'être bien intentionné, c'est-à-dire de désirer un être honorablement aimé, pour le seul mariage, on peut toujours demander à Dieu qu'il vous exauce en vous donnant pour époux ou pour femme l'homme ou la jeune fille que vous aimez ainsi. La prière est puissante ; elle est autant et même plus puissante que toutes les oraisons, incantations et charmes magiques du domaine de la magie noire. Souvenons-nous que la prière est toujours entendue. La prière peut aussi déjouer toutes les tentatives magiques, par ceci qu'en tout et partout, Dieu a le dessus sur Lucifer et le vainc.

Dans le fameux Enchiridion du pape Léon, nous avons retrouvé deux prières qui doivent avoir leur place ici.

Les voici :

Oraison pour la femme qui est en travail d'enfant, pour être bientôt délivrée. Il faut qu'elle lise ladite oraison, ou la fasse lire, et la dise en même temps et à mesure qu'on lui lira, et qu'elle la tienne en sa maison ; c'est chose éprouvée plusieurs fois.

Anne a enfanté Marie ; Marie, le Sauveur ; Elisabeth, saint Jean-Baptiste ; Marie Jacobé, Jacques de Galice ; ainsi cette femme enfantera sans blessures et incommodités : au nom de Notre-Seigneur Jésus-Christ, enfant qui est dans le ventre, si tu es mâle ou femelle, sors dehors, Jésus-Christ t'appelle : il désire que tu voies la lumière : ne tarde, sors dehors, et au nom de Notre-Seigneur Jésus-Christ. La femme, lorsqu'elle enfante, elle est triste parce que son heure est venue, et lorsqu'elle a enfanté l'enfant, elle n'a plus de mémoire de la pressure, à cause de la joie, d'autant que l'homme est né en ce monde : mais Jésus † passant au milieu d'iceux cheminait, titre de triomphe ; Jésus † de Nazareth, roi † des Juifs, ayez miséricorde † de nous. Jésus le commencement et la fin. † Ainsi soit-il. Jésus. *Pater noster*, etc. *Ave Maria*, etc., cinq fois en l'honneur des cinq plaies de Notre-Seigneur.

A chaque † marquée ci-dessus, il faut faire le signe de la croix sur soi.)

Remède singulier contre les maléfices des noueurs d'aiguillette, qui empêchent de jouir du sacré lien du s crement de mariage, tiré du sacerdotal romain et couché mot par mot au feuillet 77 *des* Légendes de Châlons.

Entre les malheurs que la magie produit parmi les humains, les maléfices avec lesquels le mariage est empêché de sortir ses effets ne sont pas des moindres ; car avec le trouble qu'ils apportent aux maisons et aux familles, ils sont quelquefois cause entre les simples gens et de petite foi que ledit sacrement est profané ; ces sortes de gens se laissant persuader qu'ils doivent renoncer au sacrement premier et le célébrer de nouveau pour être délivrés de leur maléfice, qui est une intention purement diabolique, et chose qui ne se doit nullement faire, car c'est l'expresse parole de Dieu en saint Mathieu, que ce que Dieu a joint, l'homme ne le sépare point. C'est pourquoi j'ai pensé être expédient, tant pour la consolation des personnes affligées que pour empêcher le dessein de Satan, en cet endroit, de mettre ici ce remède que Dieu, par sa providence, a donné dans son Eglise contre ces inconvénients.

La première chose que doivent faire ceux qui sont maléficiés ou empêchés par quelque maléfice que ce soit du corps ou de l'esprit, de jouir des fruits de leur mariage, est d'examiner leur conscience.

Secondement, ils se doivent confesser le plus exactement qu'il leur est possible de tous leurs péchés, et en demander l'absolution.

Troisièmement, ils doivent ouïr une messe du Saint-Esprit, et ne sera pas mal à propos qu'ils reçoivent aussi la sainte Communion, encore qu'ils n'y soient pas obligés par commandements exprès : la messe célébrée, le prêtre dira pour eux les prières suivantes :

℟ Notre secours est dans le nom du Seigneur.

℣ Qui a fait le ciel et la terre.

℣ Mon Dieu, sauvez votre serviteur et votre servante.

℟ Qui espèrent en vous.

℣ Seigneur, envoyez-leur votre secours de votre sanctuaire.

℟ Et votre assistance de Sion.

℣ Que l'ennemi n'ait point de pouvoir sur eux.

℟ Et que le fils de l'iniquité ne puisse leur nuire.

℣ Servez-leur, Seigneur, d'une forte tour.

℟ Pour résister aux attaques de leurs ennemis.

℣ Que le Seigneur soit avec vous.

℟ Et avec votre esprit.

Oremus.

Monseigneur J.-C., Fils de Dieu, et Fils unique de la bienheureuse Vierge Marie, qui avez institué le mariage dans le paradis terrestre, pour se rendre le devoir mutuel, et ensuite vous étant fait homme pour nous, vous avez aussi érigé ce même sacrement, que vous avez dignement illustré par vos premiers miracles et par votre présence, et par les mérites et prières de la bienheureuse Vierge Marie, votre mère, du bienheureux saint Vincent, votre confesseur, et de tous vos saints et saintes, vous daigniez ✝ bénir et entièrement délivrer de tout lien et maléfice de Satan, et accordez-leur la fécondité et la grâce de pouvoir se servir librement de leur sacrement de mariage, pour pouvoir engendrer et concevoir, porter et souffrir, et élever des enfants agréables à Dieu et aux hommes. Au nom du Père ✝, et du Fils ✝, et du ✝ Saint-Esprit. Ainsi soit-il. Après, le prêtre dit :

℣. Que Jésus, le Fils de Marie, le seigneur et le sauveur du monde, vous soit clément et propice.

℟ Amen.

Ensuite, il dit les trois psaumes suivants :

Domine, quid multiplicat sunt, etc.

Qui habitat in adjutorio Altissimi, etc.

Beati omnes qui timent Dominum, etc.

Avec le *Gloria Patri*, à la fin de chaque psaume et après le dernier psaume, on dit les prières suivantes :

Seigneur, ayez pitié de nous, Christ, ayez pitié de nous, Seigneur, ayez pitié de nous, Christ, ayez pitié de nous. *Pater noster*, etc.

℣ Et ne nous induisez point en tentation.

℟ Mais délivrez-nous du mal.

℣ Mon Dieu, sauvez votre serviteur et votre servante.

℟ Qui espèrent en vous.

℣ Seigneur, envoyez-leur votre secours de votre sanctuaire.

℟ Et votre assistance de Sion.

℣ Que l'ennemi ne puisse rien contre eux.
℟ Et que le méchant ne leur puisse nuire.
℣ Seigneur, soyez-leur une tour forte et impénétrable.
℟ Contre les attaques de l'ennemi.
℣ Seigneur, écoutez ma voix.
℟ Et que mes cris s'élèvent jusqu'à vous.
℣ Que le Seigneur soit avec vous.
℟ Et avec votre esprit.

Oraison.

Seigneur J.-C., Fils du Dieu vivant, qui avez miraculeusement rendu fertile la vertu de la bienheureuse Vierge Marie, afin qu'elle conçût par l'opération du Saint-Esprit, qu'elle vous portât, vous enfantât, et vous nourrît, Verbe Dieu et homme, notre sauveur, nous implorons votre miséricorde, afin que, délivrant vos serviteurs de tout empêchement et maléfice du démon, vous daigniez leur accorder la fertilité, afin qu'ils puissent engendrer, concevoir et nourrir des enfants pour la vie éternelle. Au nom du † Père, et du † Fils, et du Saint † Esprit. Ainsi soit-il.

Rubrica.

Comme il arrive quelquefois, par permission de Dieu, et pour punir l'infidélité et la concupiscence de l'homme et de la femme, qu'ils sont empêchés par quelque maléfice, et ne peuvent consommer leur mariage, il a plu au sacerdotal romain d'ajouter à ce qui y est écrit, les prières et oraisons ci-dessus, pour la délivrance de ceux qui voudront s'en servir. Ceux donc qui se trouveront ainsi empêchés, ayant premièrement fait une exacte recherche et examen de leurs péchés, iront trouver un prêtre qui les mettra sous le poêle, et, revêtu de l'étole, les écoutera en confession et leur donnera l'absolution ; ensuite, il célébrera la messe du Saint-Esprit à leur intention, et dira pour eux les prières ci-dessus (1).

⁂

Notre tâche est achevée. Il nous reste à souhaiter à nos lecteurs de bien comprendre ce que nous avons voulu dire dans ce simple ouvrage. S'il leur arrrive de prêter ce livre, qu'ils prononcent, en le donnant à celui qui le leur empruntera, les mots suivants :

NFOA ?! SISTI ?! POABR ?!

???

SMVAIR !... SMVAIR !

Et pour finir, amis lecteurs et gentilles lectrices, puisque la prière est si bonne et si efficace, n'oubliez point, dans vos aspirations du soir, le

(1) Enchiridion Léonis Papæ serenissimo imperator Carlo Magnus (Enchiridion du pape Léon, envoyé comme un rare présent à l'empereur Charlemagne,) — 1 vol. rare : 30 francs.

triste compilateur des vieux grimoires, et qui les a butinés pour vous en offrir l'essence. Priez pour celui qui assembla ces anciennes recettes, et que Dieu vous épargne. *Amen.*

JEAN D'HERBENOIRE.

FIN.

TABLE DES MATIÈRES

Pages

INTRODUCTION 5
CHAPITRE I. — Peut-on être maître de l'amour ?.. 7
CHAPITRE II. — Sorciers et Sorcières 10
CHAPITRE III. — Pierres et parfums magiques...... 27
CHAPITRE IV. — La fascination 47
CHAPITRE V. — Du Charme et de l'Ensorcellement. 49
CHAPITRE VI. — Du choix d'une femme............ 69
CHAPITRE VII. — Des moyens réputés pour vérifier la chasteté 81
CHAPITRE VIII. — Des soporifiques. — Des songes surpris 97
CHAPITRE IX. — Des aphrodisiaques 103
CHAPITRE X. — Des philtres 113
CHAPITRE XI. — Des encres sympathiques et des correspondances secrètes 120
CHAPITRE XII. — Pour faire naître et entretenir l'amour 134
CHAPITRE XIII. — Pour vaincre la concupiscence.... 142
CHAPITRE XIV. — Des vertus de la Mandragore...... 147
CHAPITRE XV. — Sur quelques mystifications magiques. — Sur les beaux enfants. 152
CHAPITRE XVI. — Sur l'art d'être amoureux et puissant jusqu'à la vieillesse........ 160
CHAPITRE XVII. — De la flagellation considérée comme remède à l'impuissance virile.... 184
CHAPITRE XVIII. — Quelques recettes pour la beauté féminine. La fraîcheur du Baiser. 187
CHAPITRE XIX. — La Science des Caresses.......... 206
CHAPITRE XX. — Puissance de la Prière............ 218

IMPRIMERIE H. DARAGON. — PARIS

www.ingramcontent.com/pod-product-compliance
Ingram Content Group UK Ltd.
Pitfield, Milton Keynes, MK11 3LW, UK
UKHW020212250726
13967UKWH00003B/1412